# 现代校长与未来学校

The Modern Principal and the School for the Future

**8位名校长的办学智慧**

雷玲 / 主编

华东师范大学出版社

·上海·

# 自 序

在快速变化的数字时代,教育领域正面临着前所未有的挑战和机遇。《现代校长与未来学校——8位名校长的办学智慧》一书,正是在这样的背景下应运而生,为我们揭示了教育领导者在探索未来学校建设方面的深远影响和宝贵经验。

本书以专访、对话等形式,从校长印象、校长语录、学校印象、校园文化、管理智慧解读、管理实践对话、管理特色等方面,对北京一零一中教育集团总校长陆云泉、北京市第十八中学教育集团校长管杰、湘湖未来学校总校长叶翠微、北京市陈经纶中学教育集团校长刘雪梅、深圳市宝安中学(集团)校长袁卫星、南京市天正小学教育集团总校长王九红、深圳市南方科技大学教育集团(南山)第二实验学校校长唐晓勇、湖北宜都创新实验学校校长王昌胜等全国知名校长的办学智慧进行深度解析,展现他们在各自领域取得的卓越成就,以及他们以其独特的管理哲学和实践,引领的学校教育创新和变革。这些校长的故事,不仅是对个人职业生涯的回顾,更是对教育管理智慧的深刻洞察。

在这本书中,我们将探索他们如何面对全球化、技术革新和社会变迁带来的挑战,如何在资源有限的情况下实现教育的公平与提高教育质量,以及他们如何培养具有全球视野和社会责任感的学生。每一位校长的经历都是独一无二的,但他们共同的信念和追求却构成了一幅教育领导力的宏伟画卷。

  本书不仅为教育工作者提供了宝贵的参考和启示，也为所有关心教育未来的人打开了一扇窗。我相信，通过这些校长的智慧和管理实践，读者能够获得启发，思考如何在变化莫测的世界中，培养出能够适应未来挑战的新一代。

  随着您翻开这本书的篇章，我们希望您能够感受到这些校长的热情、智慧和勇气，以及他们对教育事业的无限热爱。让我们一起走进这些校长的世界，学习他们如何以现代校长的身份，引领未来学校的发展方向。

  愿这本书能够激发您对教育的思考，激发您对领导力的探索，更激发您对未来学校建设的憧憬。

雷　玲<br>2024 年 8 月 12 日

# 目 录
## contents

### 北上的陆云泉 和
### 北京一零一中教育集团

**印象陆云泉**
陆云泉：耐得住寂寞，守得住繁华　003

**印象北京一零一中**
爱上一零一的 101 个理由　006

**管理原声**
集团化办学背景下构建学校文化认同的实践路径　009

**管理智慧解读**
信息技术赋能下的"未来学校"新生态　013

**管理实践对话**
信息技术赋能教育　生态智慧引领未来　020

**管理特色**
智慧、开放、共享、生态的个性化教育　028

### 领跑者管杰 和
### 北京市第十八中学教育集团

**印象管杰**
管杰，百炼钢成绕指柔　035

**印象十八中**
一所学校的理想：聚贤学府，集美家园　039

**管理原声**
尊重文化多样性是教育集团治理的基础　042

**管理智慧解读**
"抱团取暖"产生的蝴蝶效应　048

**管理实践对话**
做云时代教育的领跑者　055

**管理特色**
"聚·宽教育"引领下的实践模式和路径创新　060

目 录　001

## 湘湖未来学校 "传奇校长"叶翠微 和

**印象叶翠微**
"一根筋""一生情"的教育玩家叶翠微　065

**印象湘湖未来学校**
一个种桃、种李、种春风的校园　069

**管理智慧解读**
解读杭州二中之教育蓝图、湘湖未来学校之教育理想　072

**管理实践对话**
叶翠微：办一所名校，成一片森林，树一面旗帜　084

**管理特色**
"二中法则"和"少年派，致未来"　092

## 北京市陈经纶中学教育集团 新掌门校长刘雪梅 和

**印象刘雪梅**
稳、准、快！雪梅式经纶烙印　095

**印象陈经纶中学**
精益求精，百年"经纶号"注入新活力　098

**管理智慧解读**
面向未来的"精致教育"新生态　101

**管理实践对话**
校长应该做什么　116

**管理特色**
同频共振的同心圆　121

## 追梦校长袁卫星 和 深圳市宝安中学（集团）

印象袁卫星
"你们的大朋友：袁卫星" 125

印象深圳市宝安中学（集团）
"梦之校"，怎能不爱 130

管理智慧解读
坚持"文化立校"，把学校建成图书馆 134

管理实践对话
用教育的理想，办理想的教育 138

管理特色
践行理想的新生命教育 148

## 学者校长王九红 和 江苏省南京市天正小学教育集团

印象王九红
解读者王九红 153

印象天正小学
童心即天，爱心至正 157

管理原声
当前学校文化建设的误区及解径 160

管理实践对话
实践中求解"适合的教育" 166

管理特色
发展"教学智慧"，建设"适合教育" 177

## 新生代校长唐晓勇 和 南方科技大学教育集团（南山）第二实验学校

印象唐晓勇
从小县城走向大展台，是他！　183

印象南科大二实验
一座"梦工厂"　188

管理原声
发展儿童可能性：未来视域下的教育思考与课程实践　191

管理智慧解读
系统变革，让全体师生在一个生态圈里共同进化　197

管理实践对话
校长应该像设计师一样思考教育　203

管理特色
处处涌现创新思维的学校整体设计　210

## 寻者校长王昌胜 和 湖北宜都创新实验学校

印象王昌胜
用最初的心，做永远的事　215

印象宜都创新实验学校
追寻中的理想学校　222

管理原声
安全感和信任，比畏惧更能让组织变强　228

管理智慧解读
职业校长的突围——自下而上管理激发团队活力　231

管理实践对话
"这是我的学校"　237

管理特色
"我们"的管理　242

## 后　记　245

# 北上的陆云泉和北京一零一中教育集团

**陆云泉**

北京一零一中教育集团总校长。管理学博士，国家督学，正高级教师，中学数学特级教师，北京市首批特级校长，全国模范教师。中国教育学会副会长、中小学整体改革专委会理事长。中国科学院大学基础教育研究院院长，北京理工大学、上海同济大学兼职教授。曾任北京市海淀区教育委员会主任。

曾经有这样一个问题让北京的中考学子和家长犯难：如果你的中考分数可以考入人大附中和北京一零一中，你会优先选择哪里？哪所学校更让你心动？足以见，可以跟人大附中PK的北京一零一中的魅力所在。

一所学校，能成为学生们迷恋的地方，才能称得上是一所真正成功的学校。北京一零一中正是这样一所学校。这一点，在陆云泉时代尤为突出。北京一零一中前任校长郭涵对陆云泉的评价是：一零一中学的"形象大使"，为一零一中学作出了"不可磨灭的贡献"。

陆云泉曾说："好的教育，应该是为学生选择适合的教育，而不应该是为教育去选择学生。对学生个体来说，适合他的教育就是最好的教育。"

陆云泉一直关注着学生的"生命、生活、生长"，培养他们健康善良的生命、活泼智慧的头脑以及丰富高贵的灵魂；不仅如此，还通过种种渠道帮助学生发现自己的潜能，唤醒他们的自觉。面对如此开放、自主、多元的个性化教育、教学管理模式，遇到这样一位懂学生、懂老师的校长，这样的学校，谁不喜欢。

/ 印象陆云泉 /

# 陆云泉：耐得住寂寞，守得住繁华

"无锡是个好地方。"这句无锡的城市口号，在20世纪80年代与无锡教育结缘的陆云泉身上，体现得淋漓尽致：江南水乡式温文，吴侬软语式尔雅，不急不缓，却坚定有力。而这种骨子里的温文尔雅，从陆云泉2005年离开故土来到北京后，又多了"南下北上"教育人的大气和包容。

一位跟他有着同样"南下北上"经历的教育同行评价：陆云泉耐得住寂寞，守得住繁华。

2018年9月14日，对北京一零一中而言，是不寻常的一天。这一天，北京市海淀区委教育工作委员会在此召开干部大会，宣布郭涵校长光荣退休，陆云泉担任新任校长。接任郭涵的陆云泉，是辞去海淀区教委主任职务，回到一线校长岗位的。对于郭涵而言，这个接力棒他交得放心，因为13年前，作为特级教师的陆云泉就被郭涵校长看中了，把他从教育强省江苏"挖"来北京，出任北京一零一中副校长；对于陆云泉而言，这个接力棒他接得诚心，虽然2011年陆云泉出任理工大附中校长，四年后又被任命为海淀区教委主任，但当北京一零一中再次召唤他的时候，他满腔热爱地回来了！

"学校是最适合做教育的地方。"陆云泉说，"区教委主任的经历对于回过头来办学校是非常有益的。以前理解的教育只是点上的，只考虑一所学校，现在能够从面上、整体上、战略上去思考，也更理解党和政府对教育改革的宏观布局，更有大局观了。"陆云泉重回一零一履新，可以说是一个由点及面，再回归于点的过程。

北京一零一中前任校长郭涵对陆云泉的评价是：一零一中学的"形象大使"，为一零一中学作出了"不可磨灭的贡献"。

当有人在网上抹黑陆云泉时，一零一中学的学生站出来了：陆校是我见过的最好的校长，陆宝放心飞！有陆校的一零一，好！

"世上有两条路，一条是你必须走的路，一条是你想走的路。只有把那条必须走的路走得漂亮了，才能走好那条你想走的路。"一路走来，陆云泉在必须走的那条教育路上，走出了想走的精彩人生。因为，他每一步都以谦虚谨慎、求真务实、不骄不躁的步伐，走得稳重，走得踏实。

这就是北上的陆云泉，从无锡一中到北京一零一中教育集团，从年轻的特级教师成长为全国知名教育专家，书写了一段人生佳话和教育传奇。

（雷　玲）

**校长语录**

- 好学校的定义如下：

（1）让人民满意。在好的学校里，教师可以幸福发展，学生可以快乐学习，教师和学生可以在平等中建立爱和理解。他们的心里写满了"好"字，学校才是真的好。

（2）适应未来教育的理想学校。要从"三个转向"开始，即关注对象由"抽象"转向"具体"，培养目标由"显性"转向"隐性"，关注目标由"成绩"转向"成长"。学生需要的不再只是课本中的知识，德育、美育、体育等都是学校需要重视的方面。

（3）学生喜欢的课堂。未来教育需要的课堂不仅仅是知识的课堂，更应该是素质的课堂，是生命成长的课堂。学生应该在课堂中树立自己的理想与抱负，收获阳光与自信，学会如何做人做事……这些核心素养才是他们的宝贵财富。

（4）一个开放的组织系统。可以建立与真实世界的联系，可以充分利用外部社会资源开展教育。未来学校将会重新构建学习路径，让学习从书本走向世界，把整个社会变成学生成长的大课堂。

（5）百花齐放的花园。自然生态的美源于物种差异，而良好的教育生态也应该包容构成这一生态的每一个不同的孩子。尊重、接纳、因材施教，才能让教育良性、可持续地发展下去。

- 终身学习永远是优秀校长的生命状态。
- 做教育就如放风筝。放风筝，眼中要有目标、要有理想、要有远方，手中要有分寸、要有路径、要有办法，脚下要有土地、要有定力、要有坚持。
- 教师是学校发展的核心竞争力。只有教师发展，学生才能发展，学校才能发展。
- 教育要扎扎实实、本本分分、安安静静、不浮不躁。
- 作为一个K12集团，学校特别注重培养学生的信息素养、学科核心素养、创新素养等必备素养；同时注重培养他们的关键能力，包括批判性思考和解决问题能力、沟通与协作能力、创造与革新能力等，此外还注重培养学生包括物联网、信息技术、人工智能等在内的数字与AI能力以及职业与生活能力。
- 教育，是为了人一生的生活，能使人更加完善，从而有高尚的行动。教育，是培养健康善良的生命、活泼智慧的头脑，以及丰富高贵的灵魂。
- 人是教育的根本目的，生活是教育的唯一主题。
- 未来学校到底什么样？可能有不同的理解，但是未来学校有一个非常重要的特征，就是为每一个孩子的成长和发展提供精准的教育支持，也就是说，要考虑到不同群体的孩子所需要的课程。
- 教育的本质是成全与唤醒，是帮助学生发现自己的潜能，唤醒学生的自觉，是发展学生已有的东西。如果我们不倾听学生的声音，我们的教育将难以进步。了解学生的心声，满足学生的需求，与学生共创个性化的学习，是教育应该努力的方向。

/ 印象北京一零一中 /

# 爱上一零一的 101 个理由

如果你想了解北京一零一中,建议你到这所学校的校园网上,读一读校长致辞——《走向未来》。

翻开历史的岁月,光荣与梦想鞭策我们一路走来。

一零一,你的历程铸满担当。穿越烽烟,走过苦难,你与共和国的脚步同行,为民族复兴担当,是你坚定的信念。

一零一,你的梦想如此高远。"培养未来担当人才",你与祖国的命运同呼吸,或振聋发聩,或余音久远。

一零一,你的脚步如此稳健。守正出新,润物无声,立德树人七十余载,坚守规律矢志不渝,创新发展始有今天。

你"由胜利走向更大的胜利,由完成走向更高的完成",百尺竿头,更进一步,是你昂扬的精神脊梁,我们铭记心间。

聆听时代的脉搏,初心与使命激励我们逐梦前行。

一零一,你厚植了对祖国和人民的深厚情感,一代一代人薪火相传,为了国家更加美好的未来共奋进。

一零一,你始终践行对社会和学生的承诺,"走进一零一,幸福你一生",为了每一个学子更加美好的人生共开创。

一零一,你建造了一个精神的家园,一群怀揣教育情怀和理想的人相聚在一起,为了我们更加美丽的校园共携手。

向未来!注目远方,每一次回首,都是为了更好地出发。

人工智能、移动互联……科技创新，正不断刷新未来的地平线；"中国梦""两个一百年"……社会发展，似出征号角催人向前。

未来，正在当下孕育！
未来的人才，正在此刻的教室里读书！
未来的主人，正在我们身边茁壮成长！
我们今天所有的创造，都是为了修筑走向未来的路！
我们今天所有的努力，都是为了架起走向未来的桥！
一切过往，皆为序章。历史由此，通向远方！

一所学校，能成为学生迷恋的地方，才能称得上是一所真正成功的学校。北京一零一中正是这样一所学校。

校长说：更进一步，才是一零一的性格。

老师说：一零一是一片自由的沃土。

学生说：一零一尊重每一个自由而理性的灵魂。

家长说：一零一的老师很负责，教学水平好，有爱心，有耐心，优秀的孩子很多，各有所长，班级氛围挺好的，孩子们非常热爱自己的学校。

……

我曾多次走进北京一零一中。沉下心来再读北京一零一中，忽然读出"一零一"的另一重深意，"零"与"一"之间，犹如一场质变，前后各"一"，仿佛一进一退的人生箴言。

责任担当，自为所当为，是为一进；浮华名利，必慎独自清，是为一退；平衡在以"零"为原点之上，犹如秉持自我，勿忘初心……

这正是爱上北京一零一中的101个理由。

（雷　玲）

北京一零一中创办于1946年，其前身是晋察冀边区联合中学。本部圆明园校区是北京市重点中学、北京市高中示范校。目前有圆明园、双榆树、上地、怀柔、温泉等12个校区和分校，涵盖了幼儿园、小学、初中、高中。校名由郭沫若先生所起，释其含义为"百尺竿头，更进一步"，是100分还不满足，还要加1，体现了永不自满的精神。

◎ 办学目标

全面育人是一零一中办学的方向，学校致力于培养基础宽厚、富于创新、个性健康、全面发展、全球视野、具有担当意识和能力的未来人才。形成了大气、包容、务实、担当的优良校风。

◎ 校　训

百尺竿头，更进一步。

◎ 口　号

"追求卓越，勇于担当"是一零一人的不懈追求；"走进一零一，幸福你一生"是一零一中永恒的承诺。

/ 管理原声 /

# 集团化办学背景下构建学校文化认同的实践路径

北京一零一中教育集团分别从身份认同、制度认同、价值认同、发展认同以及细节管理这五个方面探索学校文化认同的具体策略。

## 各美其美、美美与共，构建身份认同

身份认同建构分内外两个层面，解决的是整个集团关于"我是谁"的心理归属问题。北京一零一中教育集团的成立只是集团成员身份认同外在层面的开始，集团要真正实现融合，不仅是组织上的融合，更重要的是文化上的融合，也就是集团身份认同的真正建构。集团在文化身份建构过程中，一方面广泛宣传整个集团的主流文化，同时遵循文化认同发展规律，不是以集团校中优质校的文化取代其他集团校的文化，而是在尊重各个校区文化传统与办学特色的基础上，实现"各美其美，美美与共"的理想，各个集团校既保留自己原有的特色文化，也认同集团校的共同文化。集团坚持在把北京一零一中原有的文化理念中"百尺竿头，更进一步""守正出新""卓越担当""勤学善思，明理求新""国际视野，家国情怀"等精神文化元素扩展到整个集团的同时，各集团校仍要保留原有的特色文化，并将之融入到集团文化中。例如，矿大分校原有的特色文化"铁人王进喜精神"在得到保留的同时，也被接纳并融入整个集团文化。

## 搭建"扁平化矩阵型"行政架构，构建制度认同

集团化办学的成功需要我们建立完善的制度保障体系，认真解决好制度认同问题。为此，北京一零一中教育集团制定了集团总章程来规范集团的运

行，成立了学校发展中心、教师发展中心、学生发展中心、课程教学中心、国际教育中心和后勤保障中心共六大中心，采用典型的"扁平化矩阵型"行政架构模式（见图1），同时成立学术委员会来促进集团学术建设和引领教师专业发展。这样的制度设置使集团的行政管理层级减少至两层。减少层级的同时我们还增加了管理幅度，按照"淡化职位轻身份、强化岗位重实绩"的要求，纵向建成一个自上而下的垂直管理系统，横向建成一个为完成专门任务而出现的横向系统。这个纵横交织的行政架构系统就组成了一个矩阵，形成了一种交叉、双向的管理模式。这种行政架构设计使整个集团组织变得灵活、敏捷，富有柔性和创造性，有利于发挥下级的自主性和创造性，提升集团运行效率。这一过程有力地促进了集团成员的制度认同。

图1　北京一零一中教育集团矩阵式组织结构

### 提炼精神内核，确立共同愿景，构建价值认同

先进的文化引领是建构价值认同的灵魂，能够保证北京一零一中在集团化办学过程中守正出新，与时俱进，建构整个集团的共同愿景和价值目标，在实践中不断丰富整个集团的精神文化内涵，从而引领整个集团的发展方向。

北京一零一中在集团化办学实践中不断提炼其精神核心，建构集团价值认同，在红色基因、国事担当和社会责任基础上，赋予一零一师生不同的气质、高远的格局和宏大的视野，要求每个人要有世界眼光与家国情怀，奔向卓越，努力成为最好的自己。北京一零一中教育集团把"中国特色国际一流的基础教育名校"确定为共同愿景和目标，在教育教学实践中贯彻生态智慧教育理念。学校认为，课堂的生态属性是尊重、唤醒、激励和发展生命，课堂是一个有利于生命投入的学习生态环境；课堂的智慧属性要求课堂唤醒生命智慧，提升思维品质，丰富情感体验，培养健全人格。生态智慧课堂的目标追求，是建构生命成长和智慧生成的场域，即生活场、思维场、情感场、生命场。在此基础上，北京一零一中构建了各个学科的生态智慧课堂模型，把立德树人渗透到各个学科的课堂当中。

### 推进"六个一体化"，构建发展认同

没有集团成员校的共同发展，就不会形成整个教育集团的发展认同。教育集团作为一个教育共同体，其运行逻辑和现实竞争力取决于其整体发展水平和治理水平，也就是说，学校在集团化办学的同时还承担了发展和教育治理的双重任务。而这双重任务的完成既需要制度的支撑，也需要政策的支持，这不仅关系到整个集团的发展目标能否实现，也关系到治理的绩效。制度供给主要解决集团行动的手段和方式，而政策供给主要解决集团行动的具体方案。

学校在集团化办学过程中提出了"六个一体化"的策略，即管理机制一体化、教师培训一体化、学生培养一体化、师资调配一体化、教学评价一体化、资源配置一体化。例如，在推进管理机制一体化过程中，北京一零一中采用以数据为核心的OMO（线上融合线下）管理模式，进行集团内统一的课程和教师资源配置。线上系统智能化使得无论教学练测评，还是课前、课中、课后学习，都能为学生提供及时且个性化的学习服务。北京一零一中通过线上系统赋能线下管理模式，提高教育集团的运行效率，降低管理成本。在推进资源配置一体化的过程中，集团校在课程教学中心的统一管理和组织下，集团内各校区、各学科组借助现代化的信息技术手段，开展远程同步视频协同备课活动，实现教师资源和智慧共享，推进集团大教研模式的探索。

## 强化细节管理，融学校文化认同于校园日常生活

从教师层面，北京一零一中教育集团教师发展中心每年都会对新入职的教师进行培训，其中通识培训中一项很重要的内容就是校史培训。学校党委书记王涛为新入职教职员工进行校史培训，让他们了解一零一中学光辉的历史，从而增强对学校的文化认同。

从学生层面，每年春季学期，学校团委组织学生会优秀学生干部、学生红十字服务队、新任教师代表和离退休教师代表等赴革命圣地西柏坡开展为期两天的寻根之旅活动，旨在增强学生对党史、国史、校史的了解，培养学生艰苦朴素和顽强拼搏的精神，提升学生核心素养，推动学生自由、全面地发展，促进他们对学校的文化认同。

北京一零一中圆明园校区坐落于圆明园内，校园里有五个湖。每年初一、高一新生入学时，德育处都会让新生带一瓶水到学校，一起将带来的水注入学校的青年湖里，寓意"集八方之水，育天下英才"。这样的活动也培养了新生对学校文化的认同感。

在北京一零一中校园，每个被绿植覆盖的角落都会放一些文化宣传的小牌子，牌子上的标语是学生自己写的，如"我不是一个专情的人，因为你的一年四季我都爱你""也许有一天，当我离开校园时，我会哭得像个孩子"等。这些学生自己写的文化牌在日常生活中潜移默化地增强了他们对美好校园的文化认同，起到了润物无声的效果。

北京一零一中教育集团的发展采用"名校＋新校"的集团化办学模式，通过集团内名校向各个分校输出优质教育资源的方式，促使集团内各个分校在短期内实现快速发展，其目的并不是以品牌优质校的文化认同来取代各个学校原有的文化认同，而是以集团学校的文化认同为基础，建构一种"和而不同"的共生文化，这也与集团提出的生态智慧教育理念一致。

（红袖子整理）

/ 管理智慧解读 /

# 信息技术赋能下的"未来学校"新生态

## 一堂"生态智慧"的英语课长什么样

利用在线教学平台和 AI 智能听说系统,实现线上线下结合的混合式教学效果如何?北京一零一中的王嫛君茹老师给出了答案。

课堂上,学生们通过线上教学平台进行实时反馈,让学生的学习思维可视化,也让教师及时且有针对性地调整教学策略。图 2 是 2022 年 4 月 21 日北京市数字教育工作推进会及北京一零一中现场会上的一幕。

图 2　智慧英语课堂场景

与此同时，连接山地与平原、跨越 2000 多公里的北京一零一中与四川昭觉中学的双师课堂，基于 VR 增强现实技术的美术课堂，基于科学学习的教师集体备课，与知名高校、科研院所联合创建的各类创新人才培养实验室，以及各种服务于教育教学管理的电子班牌、智慧作业、智慧食堂等智慧服务平台都一一展现在与会人员的眼前。涵盖了课堂教学、教师教研、人才培养、教学管理四大主题的 19 个场景，向众人展示了北京一零一中借助移动互联网、大数据、云计算和人工智能等技术打造的数字教育新场景，也呈现了信息技术赋能下的"未来学校"新生态。

### 文化育人，培养未来卓越担当人才

在信息化建设过程中，北京一零一中以人为本，以学习者为中心，以师生成长共同体为目标，构建了智慧、开放、共享的全新教育生态。在智慧教育、信息技术的引领下，学校全面、系统地实施智慧教育教学管理一体化、教学模式创新化、智慧学习个性化、集团发展均衡化工作，搭建统一的智慧教育生态圈，构筑线上线下相互融合、相互促进的智慧教育场景。

"守正创新"是北京一零一中一贯坚持的办学策略，"未来卓越担当人才"是它的育人理念，而"中国特色国际一流的基础教育名校"则是它不断追求的办学目标。建校 70 多年来，一零一中学始终致力于打造中国基础教育走向世界的一张亮丽名片。

在北京一零一中，生态智慧教育理念首先体现在校园文化与环境的建设上。校园是学生学习生活赖以生存的物质基础，也是广大师生共同的精神家园。1946 年创建于张家口，1949 年随党中央从河北迁至北京，北京一零一中是中国共产党在老区创立并迁入北京的唯一一所中学。1955 年，郭沫若先生题写校名，释其含义为"百尺竿头，更进一步"，也成为北京一零一中的校训。

红色基因深深刻入这所学校，关心社会、为国奉献、勇于担当、立德树人，是北京一零一中融入血液的自觉。校园里，不同年级的不同颜色的校服，象征着不同的做人品格，时刻提醒着学生们认真品味、践行：深红代表大气、忠诚，藏蓝代表大才、沉稳，海蓝代表阳光、包容……各班的班牌、班训、班旗、公众号，无不营造着各自班级独具特色的文化环境。以"快餐阅读""经典阅读"为抓手的书香校园建设，通过全员性、高质量和可持续读书提升学生的人文素养。

美丽的校园也是社会主义核心价值观的天然课堂。如圆明园校区南邻北大，东倚清华，坐落于颐和园与圆明园之畔，承三山五园意蕴，融学府人文风范，成为一所自然环境得天独厚的园林式学校。在这里，一树、一花、一叶、一石、一桥，都散发着浓浓的文化气息。青灰色的建筑色彩，透露出大气、厚重与宁静；自由漫步的羊驼、孔雀、校猫，是学生们课余时间一起嬉戏玩耍的"好友"；人工湖、人工湿地，以及黑天鹅、野鸭、荷花等各类动植物，是学校不断建设并丰富"景观课程"的载体，处处渗透着生命与生态教育。

### 技术赋能，构建面向未来的生态智慧教育

"社会产品已从大众化、标准化走向私人订制，教育也不能千篇一律。"陆云泉校长说，"最好的教育是因材施教，因此，教育要和技术融合，为学生提供更丰富、更优质、更加个性化的教育产品。"北京市数字教育工作推进会及北京一零一中现场会上，陆云泉校长的发言中，智慧、生态是最常出现的词语。当教育界还在如火如荼地讨论智能时代、未来教育等命题时，人工智能环境下的生态智慧教育蓝图正在北京一零一中逐步成为现实。

2019 年之前，北京一零一中已经开始多项局部应用探索。2019 年 5 月，作为北京市海淀区首批科技应用场景中唯一的教育场景，"101 未来学校"试点项目落地。2020 年新冠疫情期间，北京一零一中与中国教育智库网合作成立未来智慧校园研究中心，尝试实施 OMO 教学模式，使师生得以从容面对疫情期间线上教学的挑战。2021 年，在"双减"政策实施后，学校加强智慧课堂、智慧学习平台、智慧作业平台建设，探索出了"双减"背景下的

"101智慧学习"模式。

为打造未来学校智慧新生态，北京一零一中以圆明园校区智慧校园建设为核心，制定了统一的信息化建设标准，并据此打造本校区未来学校群落生态圈，进行模式输出，提升集团校其他分校。智慧校园内核包括搭建满足用户需求的智慧教学平台、多应用场景设计、智能软硬件建设等，而外部保障则包括智慧校园标准规范体系、智慧校园安全保障体系、智慧校园运维保障体系三大体系。

在智慧校园设计规划之初，北京一零一中即打破独立系统边界，以"一盘棋"思想、系统性思维搭建统一的校园信息化平台。学校重视智慧校园底层基础平台建设，建立了统一数据中心、统一身份认证平台、统一信息门户平台以及统一业务服务平台等，解决了信息孤岛现象。此外，学校还以国家标准和教育部颁布的最新课程标准为基准，制定了数据信息标准及规范，打通数据壁垒，建立健全数据管理，推动标准化大数据在教育管理及教学工作中的广泛运用。

基于智慧校园各平台积累的师生综合发展数据，学校搭建了教育集团的全面评价体系。学校通过制定各学科素养评价标准、体系、模型，形成可量化、可执行的教学质量评估体系；通过采集教师教学过程和学生学习过程的数据，建立课中学习、考试、测验、作业、学生学情数据库；通过大数据分析，建立学生和知识画像；通过校级、班级、学科、学生等多维度数据报告，为精准教学、个性化教学提供有力的数据支撑。

新时代的教育呼唤新的教学模式变革。为突破时间、空间限制，为师生建立多样化多场景的新型教学模式，北京一零一中探索了"1+3线上线下融合教学模式"，即混合式教学模式和双师课堂直播模式、班课直播模式、自主直播学习模式，以满足不同场景的教与学需求。在不同的教学模式中，学生均可对直播过程进行录制，随时查看课程回放，也便于教师后期优选课程上传到校本资源库中。线上线下多种融合教学模式，为打造学生成长共同体、共享名师资源提供了教学保障。

如今，北京一零一中的生态智慧教育探索已经取得初步进展，先后入选了教育部"教育信息化教学应用实践共同体项目"和"基础教育信息技术与教育教学深度融合示范案例"等。"智慧、开放、共享、生态，是北京一零一中打造面向未来的生态智慧教育的理念。"陆云泉校长表示，未来，北京一零一中也将持续推动教育信息化落地生根，充分发挥其支撑、引擎作用，助推集团化共同体高质量发展。

### 链式培养，打造卓越担当型教师

学校的一切工作都是为了学生成长和学校发展，而这一切都离不开教师的发展。要建设"中国特色国际一流的基础教育名校"，就要有一支具有学校文化特质的"高素质、专业化、创新型"教师队伍。

"以前，教师专业发展基本上采取师带徒的方式，现在时代变了，老教师有成功的经验，但他们面对的是当时那个时代的学生，是否适合现在新时代的学生？"这是陆云泉校长对当前如何推动教师发展的思考。于是，北京一零一中探索开发了"链式培养"机制，力求使全体教师的专业发展落到实处。

"链式培养"即将不同发展阶段的教师结成一条相互关联、实时互动的"链锁"，保证处于不同年龄、学科、职称和发展阶段的教师都能在自己的经验起点上匹配到适合的学习与研究内容，发挥自己的研究专长，实现自身的个性化发展。"链式培养"一方面强调教师实践与研究的联结性，让校本教研行之有效；另一方面强调跨学科性，鼓励教师打破学科和行政层级界限，以解决真实问题为出发点，开展主题式、项目式研究。

为解决集团成员校发展不均衡问题，北京一零一中建立了统一的课程和教研体系，为成员校教师提供跨校区、跨时空学习、交流和成长的平台，以充分发挥成员校的优势力量，共享优质教育资源，促进集团校协同均衡发展。一体化课程体系确保成员校教学进度同步，课前备课同心，教学策略同进。教师能够跨校区、跨时空协同备课，共建共享优质教学资源和教学成果，形成和沉淀优质的课程资源体系，并可共享到其他学校进行实践和借鉴。一体化的教研体系设置支持教师跨区域、跨学校、脱离空间概念，进行新型课堂教学，以便更好地指导教育教学，促进教师经验共享和合作交流，提升教学核心竞争力，推动教师成长共同体建设。

北京一零一中本着志同道合和民主的初心，根据教师的兴趣与需求，横向上跨越年龄、学段、学科壁垒，建立起学习科学研究共同体、学生教育学习共同体、家庭教育共同体等八个教师学习共同体；纵向上打通优秀职初教师、青年骨干教师、名师、专家组、项目组、教师发展中心等，从教研组扩展到统一研究团体再到全校区、全集团，为每位教师实现个性化、差异化发展赋能。

### 为梦想搭台，助推拔尖创新人才培养

"国势之强由于人，人才之成出于学。"创新人才培养是一项关乎国家和民族未来的重大战略。只有具备创新人才培养模式，创新人才才能不断涌现，于是北京一零一中积极探索成立英才学院，致力于培养具有全球化视野、国家发展急需的、具有担当精神的拔尖创新人才。

在拔尖创新人才培养的路径上，英才学院根据学生的特长和优势，分为拔尖人才和创新人才两种培养模式。拔尖人才培养以数学、物理、化学、生物、信息科技五大学科竞赛为载体，为学生搭建拓宽知识、激发兴趣、培养能力的平台，培养一批学科尖子生。创新人才培养则依托与知名大学和科研机构合作建立的实验室、实践基地，以项目为载体，以创新课程为核心，激发学生的科学精神、创新能力和实践能力。例如，AI实验室、航天科学实验室、脑认知与智能实验室、元宇宙实验室等均借助国内外著名高校力量，由高水平专家、院士领衔，指导制订人才培养方案，参与人才培养过程，采用项目式培养新模式，覆盖集团小、初、高三个学段，充分发挥一体化培养的优势，真正实现优质教育教学资源开放共享。同时，英才学院培养模式也是大学和中学联合培育创新人才的有益探索，初步实现了基础教育与高等教

育在创新人才培养链条上的有机衔接。

"追求卓越，勇于担当"是一零一人的不懈追求；"走进一零一，幸福你一生"是一零一中永恒的承诺。站在"两个一百年"奋斗目标的历史交汇点，面对社会、教育前所未有之大变局，北京一零一中已全新启航，向着"中国特色国际一流的基础教育名校"大步迈进。未来，相信北京一零一中将以更强劲的发展态势、更出色的办学业绩，在新时代为中国乃至世界基础教育作出更大的贡献。

（徐靖程、卢秋红，原文载《中小学信息技术教育》2022年第7期）

/ 管理实践对话 /

# 信息技术赋能教育　生态智慧引领未来

北京一零一中作为首都学校数字校园建设的先行者，在用新思路、新技术推动数字校园建设的集成创新、迭代发展上，都有哪些领先性探索与实践呢？通过对话执掌北京一零一中教育集团总校的灵魂人物陆云泉，我们可对北京一零一中"智慧、开放、共享、生态"数字教育理念的落地进行深度挖掘。

## 做好顶层设计，实施项目推动

**问**：北京一零一中数字教育的目标是什么？围绕这个目标有哪些设计和实施路径？

**陆云泉**：北京一零一中数字教育的目标确定了四个关键词：智慧、开放、共享、生态。在具体实施过程中，我们抓住五个关键要素：精准多元的教学方式、泛在灵动的学习途径、丰富共享的资源生态、联动便捷的管理服务、全面个性的评价方式。

在这个过程中，我们特别注重"两大融合"和"六个发力点"。所谓两大融合，一是生态和智慧的深度融合，我们认为教育是一个生态，特别是在数字教育或者信息技术与教育教学整合过程中，要搭建一个数字教育的生态；二是信息技术与教育教学的深度融合。所谓六个发力点，包括教与学方式、教学管理、教师研修、教学评价、教育资源、师生服务的生态智慧化。我们希望通过将信息技术引入教育教学过程中，能够充分地减负增效，特别是减轻教师的一些过重负担。

北京一零一中作为K12教育集团，在海淀区、怀柔区、大兴区均有分校或者校区。我们首先要做的是在圆明园本校区建立教育信息化的技术标准、资源标准、教学标准、课程标准和管理标准等。有了标准以后，我们才能把资源的瓶颈打通。北京一零一中的生态智慧教育平台建立后，把这样一个标准化的模式和平台复制到其他分校和校区，我们就可以对接或者输出到无数个学校，也可以为其他地区的教育优质均衡发展作出自己的贡献。

**问：** 在您重新接管北京一零一中这所学校之后，学校的数字教育项目推进的链条是什么样的？

**陆云泉：** 我们有一个大的顶层设计。2018年4月，教育部推出了《教育信息化2.0行动计划》，也是基于这个计划，我们在2018年9月启动北京一零一中的数字化校园建设。2019年5月19日，海淀区政府发布《关于加快中关村科学城人工智能创新引领发展的十五条措施》，并推出首批17个科技应用场景建设项目，北京一零一中承建智慧教育应用场景；2019年底，新冠疫情发生，正因为未来学校区级试点项目落地，我们有一个比较完善的思考和准备工作，2020年3月我们从容地应对了教育部"停课不停学"的号召。在这个过程中，学校与中国教育智库网合作成立了"未来智慧校园研究中心"，每一年都有具体项目在推动。

2021年7月，中共中央办公厅、国务院印发了《关于进一步减轻义务教育阶段学生作业负担和校外培训负担的意见》，在此背景下，我们又确立了北京一零一中智慧学习的模式，通过技术手段进一步做好减负增效的工作。在项目不断推进的过程中，2021年12月，我们与上海同济大学一起申请了国家自然科学基金，内容是与大学智慧衔接的动态学生画像和智能学业规划。项目通过大数据能够精准地、比较科学地描述不同学生在整个基础教育阶段的学习过程，特别是在高中与大学衔接的过程中，通过数字画像帮助学生做好自己的职业、生涯规划。

同样，在2022年3月，我们又确立了北京市规划办的课题"'双减'政策背景下高质量作业的设计和实施的研究"，我们希望在工作、实践中去总结和提炼，通过科研项目的推动，调动所有教师和学生的参与积极性。

## 师生全面参与，落实场景建设

**问**：除了顶层设计，项目推动的过程离不开学生和教师的支持和参与，学校是如何进行具体整合和规划的呢？

**陆云泉**：一是"四驾马车"全面融入。实际上，信息技术的推进过程中会遇到很大阻力，包括与科技公司的全面合作。我们是一个合作体，学校购买科技公司的产品，既是用户也是研发者，在这个过程中需要全面推进"四驾马车"。对于北京一零一中而言，我们把数字教育定位在整个人才培养体系当中。我们构建了人才培养体系的四大学院，包括鸿儒学院、英才学院、翔宇学院、GITD（Global Innovation and Talent Development）学院。比如英才学院，注重的是学生科学素养、创新能力的培养，在英才学院里有混龄、跨学科、PBL等学习方式，我们希望在这里实现"五个一"的评价要求：搭建一个平台、开发一门课程、编写一个教学内容、锻炼一支团队、产出一批成果。

二是以学习者为中心，创造全新的学习场景。我们特别倡导以学习者为中心。学校应该是一个学习共同体，教师和学生共同学习，特别是在数字教育、信息化项目中，我们的教师可能不具备相关的一些知识和技能，也是需要学习的。比如，我们与北理工合作的汽车智能制造的项目，就是劳技课教师和大学教授共同参与的。在这个过程中，教师本身就是一个学习者，只有教师的学习能力提高了，才可能更进一步提高教育质量。又如，与四川大凉山昭觉中学进行音乐互动的双师课堂，我们发挥各自的优势，北京的孩子可能对于民族音乐见得不多，但是大凉山彝族特有的文化和艺术的元素开阔了他们的眼界。所以在这个过程中，我们希望创造一种全新的学习场景，多场景融合，同时又是线上、线下互动的。

三是智慧校园的建设架构。其中包括智慧校园标准规范系统、智慧校园安全保障体系、智慧校园运维保障体系。智慧校园标准规范系统是整个架构的底层和标准，如果没有标准，很多内容将是零碎的，不能整合成一个系统。

四是北京一零一中智慧校园的突出特征。需要特别关注的是两个特征：技术特征和教育特征。

五是北京一零一中智慧校园应用场景矩阵式。这个矩阵从智慧的门户、智慧的管理、智慧的数据、智慧的教与学到整个环境建设，整个架构落地的应用场景之间是无缝衔接的。而在数据方面，因为一开始就建立了统一的标准，所以数据是可以共享的。

问：北京一零一中智慧校园特征突出，尤其具备技术特征和教育特征，具体是什么样的呢？

陆云泉：技术特征我们关注七个方面。一是情境特征，技术不能是冰冷的，技术应该是越简单越好。我们不能把数字教育、智慧校园的建设搞得很复杂，这样学生和教师一定会抵触。所以一定要有一个情境感知，就是要有一种体验感。二是无缝衔接，包括作业、上课、评价各方面，通过一个场景就可以解决，而不是来回切换到各种不同的场景。三是全向交互，包括师生之间、生生之间各个方面进行全向的交互。四是智能管控，不需要有太多的人为操作，否则一定会加重教师的负担，一旦教师的负担繁杂，这个事情一定不可持续。五是数字画像，多年来教育更多的是凭借经验，或主观判断和感觉，缺少精准的、科学的大数据，数字画像则弥补了这一点。六是按需推送，通过平台能够智能地按需推送，如通过作业的精准数据画像，系统可以提供一份根据学生知识缺陷设计的作业，这个作业一定是跟其他同学不一样的。七是可视化，我们希望所有的东西都是可见的。

教育特征主要包含五个方面。一是信息技术与学科教学的深度融合。我们不能把信息技术仅仅当作工具，而是希望能充分地把它融入进去。二是教育资源的无缝衔接和共享需要整合，不能让资源变成仓库。三是无处不在的、开放的按需学习。未来的课堂不一定是一个教室、几十张课桌椅，也可能在大树下、小湖边，在任何地方学生拿一个终端就能够按照需要随时学习。四是绿色高效的教育教学管理。五是基于大数据的科学分析和评价，这一点也是最难的。我们需要有一个比较客观的、精准的、科学的评价,这也是我们下一步要特别去研究的。

**问**:智慧校园应用场景矩阵、无缝衔接、数据共享等很好地解决了信息孤岛的问题,您能否举几个例子?

**陆云泉**:第一个应用场景是智慧门户。北京一零一中教育集团有统一的门户网站,不同的校区可以进入不同校区的平台,所以我们确定了集团化办学品牌共生、文化共融。这是未来学校的门户网站,管理者、教师、家长、学生都有不同的账号对接。这里特别强调集团化办学的管理互通、资源共享,所有的资源都在这个平台上,未来如果要开放,只要有账号,别的学校也可以很简单地共享我们学校的资源。

第二个应用场景是丰富资源的整合。北京一零一中办学多年,积累了丰富的资源,以往因为没有管理平台,这些资源没有起到很好的作用。现在通过平台整合数据后,原有的资源加上新生的资源,包括考试、作业等多种资源不断更迭,让这个资源库充满了生命力。比如,后台可以将整个备课的过程打包作为数据留存,下次再备同样的课时可以先把备课资源调出来。这个过程不仅是学习交流的过程,也是资源不断更新和迭代的过程。

第三个应用场景是线上线下。我们做的是 OMO 教育模式,即线上融合线下,每位教师发一个智能终端,学生在家或者在学校也有一个智能终端,教师和学生通过互联网进行连接。也就是课上和课下、线上和线下的有机融通。

第四个应用场景是直播课堂。我们平台随时可以搭建一个"教室",这个"教室"是无边界的,可以是一名学生跟教师成为一个课堂;也可以是几十位教师和几千名学生成为一个课堂。疫情期间,学生和教师就是通过这个平台直播上课,让教和学未受到影响。

第五个应用场景是协同教研。我们希望通过科技赋能,让资源共享、智慧共生,特别是在协同教研的时候,每位教师都要贡献智慧。如果没有智能平台,每位教师贡献的智慧将无法沉淀。现在所有老师的发言、材料等资源都会全部呈现。"师本无火、相继而发光",资源之间的智慧碰撞,让不同校区的教师能够在统一的平台上进行教研,打破了地域的限制,大家能够感觉到在同一个空间里教研。特别是课程改革之后,学生选课走班,让教师同一时间集中的可能性也不大,所以这个平台发挥了很好的作用。

第六个应用场景是智慧管理。在整个校园的管理当中,操场上有鹰眼摄像头,四个鹰眼可以把操场上所有的学生都捕捉到,这样对学生体育锻炼的管理也比较轻松。鹰眼的捕捉替代了教师现场看盯和学生的打卡。

## 科技赋能教育,智慧引领未来

**问:** 数字教育、智慧教育都是面向未来的。在整个数字化校园的建设过程中,特别是"双减"背景下,如何开展面向未来的教育、培养未来的人才?

**陆云泉:** 我们的核心还是以信息化引领建构以学习者为中心的、全新的智慧教育生态。如用学生数字画像的方式进行综合素质评价,以拔尖创新人才培养的模式促进个性化学习,让智慧学习助力"减负增效"。

综合素质评价有引领的作用,我们希望给学生一个数字画像。翔宇学院里有若干个课程,所有的内容都可以进行数字画像。我们对学生进行多维度的画像,包括与世界对话培养国际视野、与社会对话培养公民素养、与自我对话助力健康成长、培养美育素养、培养文化自信、体能监测评估、劳动教育与技术结合培养实践能力等。这个大数据平台每天都可以更新,校长也可以看到每个校区在资源利用、教师的进入和学生交流中数据的更新过程。

数字教育过程中的个性化学习非常重要,我们特别倡导培养拔尖创新人才的平台和氛围。在个性化培养的过程中,我们利用数字教育激发学生的学习兴趣和学习潜能,这种潜能是无限的。如我们与中科院计算所、北京开源芯片研究院合作,让学生做"一生一芯"的计划,打破了大家对芯片高大上的印象。芯片放大了其实就是一个集成电路,我们让初一学生就开始进行集成电路的学习。我们希望通过这个过程,让学生从小对这个领域感兴趣,因为学生一旦确定了目标，就会激发其学习的动力，产生好的影响。

智慧学习的减负增效作业平台，目前正在初二年级全面推进，今后所有年级的所有学科都会通过智慧学习平台来加强作业的管理，落实好"双减"的工作。疫情期间，远程教学时，教学/作业评价依然顺畅、实时、便捷，无须改变师生线下日常教学习惯。通过OCR技术，教师在这个平台上布置作业，学生正常进行纸笔答题，然后扫描或者通过手机拍照上传，教师借助系统快捷批改作业，及时反馈给学生，从而实现教与学的快速、精准。智慧作业系统可以做到每位学生每天的作业都不一样，从而实现分组作业、分层作业、分类作业的目的。

通过这个系统，平台还可以控制作业总量，沉淀学生错题本，帮助教师进行大数据分析，加强学生睡眠管理。Pad课堂可以实现"教—学—评"一体化。我们学校有600台Pad，学校近4600人可以共享，基本可以全覆盖，每位学生用账号登录后，所有的后台数据在电脑上都可以下载，学生所有学习过程在这个系统中能够全部呈现。比如，英语课程围绕"聚会"（Parties）展开，通过听力输入和口头输出，帮助学生了解"聚会"的类型，对比中西方文化背景下"聚会"礼仪的异同，从而提升学生的跨文化意识和交际能力。整堂课将Classin在线课堂和"科大讯飞英语听说教学系统"完美结合，充分体现了智慧课堂的共享性和开放性。

再如，初中物理"磁场"一课，在传统课堂中讲授相对困难，整节课利用了"101智慧课堂智慧云教学系统"进行授课，并运用Classin平台开展了异地同步课堂，发布实验任务、随机抽问、传自主探究作业、自我评价等环节，引导学生思考，发散学生思维，激发学生对该课程的兴趣。

北京一零一中教育集团在信息化建设的过程中，以人为本，以学习者为中心，以师生成长共同体为目标，构建智慧、开放、共享的全新教育生态。在智慧教育、信息技术引领下，在教学模式、学习空间、课程体系、组织管理模式等方面精细打磨，建立统一、标准的教学平台；提供灵活、智慧、多元的线上线下深度融合教学模式；提供泛在、多元、灵动、深度、无边界、基于数据的个性化智慧学习体系；提供标准、个性、链接、跨校区、跨学科的课程体系、教研体系，促进集团各校区均衡发展。

我们希望在数字化和场景化方面更好地做到智能化，智能化和信息化的目的是为教育赋能，进一步提升教育的品质。在数字教育的路上，我们与未来对话，用智慧前行。

（原文标题：信息技术赋能教育　生态智慧引领未来——专访北京一零一中学教育集团总校长陆云泉。仲玉维、陆云泉，载《中小学信息技术教育》2022年第7期）

/ 管理特色 /

# 智慧、开放、共享、生态的个性化教育

### 中国特色国际化课程的管理模式

经过十余年国际课程实践,北京一零一中最终形成了中国特色国际化课程的管理模式:

一是构建国际化课程三大核心特色:跨文化的理解力培养、跨领域的青年领导力培养、跨学科的科学实践力培养。

二是国际课程有五个"倡导":倡导课程"大视野",倡导课程"领袖意识",倡导课程"专题意识",倡导课程"前沿意识",倡导"高才课""自由选修课"。

三是在课程管理实施中借助中学联盟、校际互访、国际比赛、网络平台等加强国际合作中的互动。

四是在国际化课程的教与学方式探索方面一直把握两个方向,探索基于核心素养的教与学,基于"互联网+"时代的教与学。

此外,还致力于为构建人类命运共同体输出"红色基因"课程。

### 六个一流

一是一流的教育理念。教育要培养健康、善良的生命,要培养学生头脑,还要培养学生具有丰富、高贵的灵魂。

二是一流的师资队伍。

三是一流的课程教学。我们除有中美合作课程外,还在创建 GITD 学院,它是北京一零一中依托本校高品质教学,汲取 IB 课程精髓来重点打造的国际教育学院。我们有充分的平台和通道，使每个学生都能够有非常好的发展。

四是一流的管理水平。作为海淀区最大的教育集团，我们在集团里架构了六大中心。六大中心的管理架构是学校发展中心、教师发展中心、学生发展中心、课程教学中心、国际教育中心和后勤保障中心。

五是一流的环境设施，包括硬件条件、软件条件，以及校园的风貌。同学们在最美的校园里面，除了学习知识、提高能力，还能够有丰富的课余生活，有很多学生社团，能够培养学生各方面特长。此外，还包括生态、智慧校园和智慧教育等。

六是有一流的教育质量。

### 一体化课程体系、教研体系

一是建立集团校一体化课程体系。以"三同"核心理念为目标，确保集团成员校教学进度同步，课前备课同心，教学策略同进。提供备课平台，支持教师个人备课、集体备课；提供优质、丰富的备课资源；提供共建共享机制。教师能够跨校区、跨时间集体协同备课，交流经验，以提高备课的精准性；能够跨校区共建共享优质教学资源、教学成果，提升备课效率。基于共同体内的备课平台和共建共享机制，优质的课程资源体系得以形成和沉淀，可共享到其他学校进行实践和借鉴。

二是建立集团校一体化教研体系。提供教研平台，支持教师通过研究和讨论，将以往的传统线下课堂的教学设计，逐步转变为"可跨区域、跨学校"、脱离空间概念的新型课堂教学设置，以便更好地指导教育教学，促进教师跨校区、跨时间进行经验共享和教研合作交流，提升教学核心竞争力，推动教师成长共同体建设。教研老师可自主发布跨校区教研活动、参与跨校区跨时间教研活动、参与评课议课等；教研管理人员可对教研活动、教研老师、教研成果进行审核、管理，以及资源共享等。

### 生态智慧课堂

学校设计推进生态智慧课堂课程构建时，从人本身出发，关注"四个H"：

第一，头脑（Head）。关注学生的思考能力、批判思维、学习能力、分析解决问题的能力。

第二，心灵（Heart）。现在倡导德智体美劳全面发展，心灵就是德。关注学生如何关爱别人，洞察分享，合作包容和对一些冲突的处理。当下校园里学生之间的矛盾、校园欺凌的现象都是学生在成长过程中与同伴之间发生的冲突。如何处理冲突是一项非常重要的能力。

第三，双手（Hand），即劳动教育和实践探究。重视学生的劳动能力，特别要重视给予能力。

第四，健康（Health），包括学生的身体健康和生活方式健康。信息时代，很多孩子的生活方式不太健康，如玩游戏、整天拿着手机玩。我们要引导他们形成健康的生活方式，包括做人和生存的能力。

我们还要教会学生人文社科研究方法，包括问卷调查、数据分析、田野调查，让学生走向生活、走向社会，让他们有社会责任感、家国情怀、国际视野。课程中我们通过各种形式的教育方式，引导学生研读经典，从经典当中吸取能量，在坚守优秀传统文化的基础上，放眼世界。

除此之外，重视每个学生个性的发展，提供丰富的学生社团课程。让每个学生在学校里都能找到自己的兴趣方向，个性的发展都能得到很好的支撑。

### 生态智慧教育

北京一零一中的生态智慧教育，是基于人工智能环境的，其抓住课堂主阵地，以信息技术来重新构建教学的六个环节。教学的六个环节是以学生为核心，进行备课、上课、作业、辅导、评测、反思。人工智能环境下，生态智慧教育应该得到进一步的升华：

第一，有在线的预习，跟踪学生的预习情况。

第二，有课堂的及时反馈，包括对课堂的提问及时统计和反馈，掌握每个学生的学习进程。

第三，有精准的学情分析，通过人工智能环境，分析学生掌握知识的情况，精准捕捉学生的作业轨迹。

第四，在上述基础上进行分层教学，使教育更加个性化。未来的学校、未来的教育应该是更加个性化的教育。

第五，有精细的成绩分析，对学生学习情况进行精确诊断，包括学生学习效果和教师教学效果的分析评价。现有的评价非常模糊、主观，我们希望通过人工智能探索一种相对比较精准的方式。

第六，有结果的反思，包括评价数据。我们通过这样一个评价数据来进行反思，进行更好的自我反思，通过这样一个系统能够进一步推进自我教育，让学习真正成为个人的事，让成长真正成为自己的事。

### "1+3"线上线下融合教学模式

为满足不同场景的教与学需求，北京一零一中突破时间、空间限制，为师生建立多样化多场景的新型教学模式，初步探索"1+3"线上线下融合教学模式："1"是指混合式教学模式，"3"是指双师课堂直播模式、班课直播学习模式、自主直播学习模式。在所有教学模式中，以"1"为核心，"3"为多样化协同性发展。在"1+3"线上线下融合教学模式的基础上，进一步探索更多教学模式，设计更多样的教学场景。

（1）混合式教学模式：主要引导学生在课前通过线上线下完成自主学习，教师在课堂内引导学生基于项目探究学习，共同研究解决各类问题，通过实践获得更深层次的学习理解。

（2）双师课堂直播模式：授课教师在教室或演播间里，通过互动大屏实时直播授课过程，辅导教师在教室中负责维护课堂秩序、课后答疑等工作，师生异地同步课堂。

（3）班课直播学习模式：有两种类型，一是教师在学校教室大屏前直播授课，学生通过学生端直播学习；二是教师在家或其他场所的电脑上直播授课，学生在教室按班级通过大屏直播学习。同时，教师可在上课过程中为学生提供线下各种辅导、答疑等。

（4）自主直播学习模式：师生双方可不限空间，通过个人电脑、手机等进入直播间进行教与学。该模式适合师生不便于开展面对面教学的特殊学习场景。

不同的直播教学模式均支持对直播过程进行录制，学生可查看课程回放，同时也便于后期优选课程上传到校本资源库中。线上线下多种融合教学模式，为打造学生成长共同体、共享名师资源提供了教学保障。

（红袖子整理）

# 领跑者管杰和北京市第十八中学教育集团

管 杰

北京市第十八中学党委书记、教育集团校长，正高级教师。国务院第十一届特约教育督导员，教育部基础教育教学指导专委会综合实践活动指导专委会副主任委员等。被评为北京市特级校长。

管杰的价值在于，对北京市第十八中学教育集团化办学和方庄教育集群化办学的特别贡献。

今天的北京市第十八中学，随着集团化办学发展，已名副其实成为北京丰台人民尤其是方庄的孩子上学的"幸福基地"。今天，十八中作为方庄教育集群的龙头校，带领集群从27所教育单位发展到了46所教育单位。

如管杰所期待的：这里是学生自由成长的"野地"，能够使学生像"野花"一样自由茁壮成长。而"野地"中的园丁给予学生的，不是低层次的呵护，也不是令人心烦的"说教""灌输"，更不是粗暴的"强迫""命令"，而是向学生传递真挚、信赖、勇敢和坚强，使学生在"野地"中经历风雨雷电，从中磨炼出自立自强，磨炼出坚韧、顽强，拥有更为坚强的生命力，拥有更为强大的抗挫折力，像野花般美丽茁壮，争奇斗艳，幸福成长。

好学校，一定能聚贤，也一定让在这里的人感到幸福，有精神的归属感。如今，北京市第十八中学教育集团"聚贤学府，集美家园"的理念，让学生、老师、家长有了更多认同感。

/ 印象管杰 /

## 管杰，百炼钢成绕指柔

网上有这样一个关于北京各区人民的段子：想到海淀人民，是才气，这里的人多非等闲之辈；想到丰台人民，是一种硬气，这里的人作风硬朗。

走近管杰，你会发现，19 年在海淀名校北京十一学校，15 年在丰台名校北京市第十二中学、北京市第十八中学，经历了团委书记、教育主任、副校长、党总支书记、校长等多岗位，随着职业生涯区域化的"迁徙"，管杰身上发生了颇耐人寻味的化学变化：海淀的高屋建瓴融合了丰台的人间烟火，于是，这位校长在与多所学校的发展变化中，不知不觉形成了独特的风骨：柔中带刚，刚中带柔。润物细无声地把学校朝着使学生像"野花"一样自由茁壮成长的"幸福基地"发展。

2011 年 6 月，管杰出任北京市第十八中学校长。彼时，迁址后的北京十八中仍处在从完全中学变成纯粹的高中、优质初中剥离、生源断层的发展历史低谷。虽然十八中搬到了曾是亚洲最大的社区方庄，但开放的房地产市场为择校提供了空间，每年升学季，方庄地区的不少优质生源，会选择去海淀、西城、东城等教育资源丰富的地区读书。为振兴十八中，几任校长开始了接力赛。接手时，管杰的担子不轻。

对于这些经历，管杰本人是这样总结的："北京十一学校和北京十二中的经历使我刻骨铭心地认识到，对于继任者来说，承前启后、继往开来做大做强十八中是使命；对于改革者来说，困境就是冲锋令，唯有改革谋求新平衡才是出路；改革策略有别、改革路径多样、改革手段多种，不可简单复制，必须与学校所处的生态环境和历史阶段相适应，自主创新实践，这就是首创精神。"

大连出生的管杰，有着海边人明朗的爽。虽然早过而立，但他仍常说自己是个"追梦人"，他说，教育所能成就的最大功德是给人一个幸福而有意义的学生时代，并以此为他们幸福而有意义的人生创造良好的基础。"试想，一个人一生中有接近四分之一的时间是在学校度过的，如果人生四分之一的时间不幸福，那将来即使再幸福，也不能称为他拥有幸福的人生吧。"让学生在学校的时光拥有幸福，正是他执著多年的教育梦。

今天的十八中，随着集团化办学发展，已名副其实成为丰台尤其是方庄的孩子上学的"幸福基地"。管杰说："幸福基地"不应是遮风挡雨的温室大棚，"温室里的花朵"会因为缺少风吹日晒而变得缺钙，从而失去坚韧、顽强，失去幸福的根基。"幸福基地"应该是学生自由成长的"野地"，能够使学生像"野花"一样自由茁壮成长。而"野地"中的园丁给予学生的，不是低层次的呵护，也不是令人心烦的"说教""灌输"，更不是粗暴的"强迫""命令"，而是向学生传递真挚、信赖、勇敢和坚强，使学生在"野地"中经历风雨雷电，从中磨炼出自立自强，磨炼出坚韧、顽强，拥有更为坚强的生命力，拥有更为强大的抗挫折力，像野花般美丽茁壮，争奇斗艳，幸福成长。

说这话时，管杰云淡风轻地笑了。

（雷　玲）

- 为幸福人生奠基，不仅指向学生的幸福，也包含教育者的幸福；不仅指向学生未来的幸福，更指向现在的幸福。教育不应是以牺牲学生的当下幸福为代价，追求所谓"未来的幸福"。
- 我们要培养的不是"人上人"，而是"人中人"，我们的幸福教育是面向全体学生的，而不仅仅是为了少数的优生。

- 教育集群发展不是资源的简单整合，而是集群内各种元素组合方式的根本变革，是一种结构的调整和优化。通过结构的优化调整，实现集群治理效率的提升，而要实现这种提升，必须基于深度的资源合作、整合与共享，实现区集群的良性互动、循环和升级。也就是说，必须将集群建设成为优质区域教育生态，不仅生态共生，而且必须不断发展，创造出更高级的课程教育资源。

- 校长首先要自己做到人性崇高，有坚定的教育信仰和学识魅力、人格魅力，然后才能谈去提升老师的人性。我认为好的校长应该是老师心灵的引导师，是老师人性提升的引导师。

- 优秀的教师一定是一个人性的理想主义者。人性的理想主义者一定会在教育实践中相信学生具有人性的光辉和非凡的创新潜力；一定会以人文情怀、仁爱之心去关爱每一个孩子，读懂每一个孩子，尊重每一个孩子；一定会顺应孩子的天性和自由良心，用爱去唤醒孩子的童心，而不是戒于成人，按照成人的标准塑造学生。在人性的理想主义者眼中，教育的任务就是在没有外部压力的情况下，顺应孩子的本性，促成其内在的觉醒和人性的完善。

- 只有教师的发展成为一种自发性行为，才能打通教师专业成长的内在、外在诉求，唤醒沉睡在教师职业生命中的教育意识、需要和潜能，使教师专业发展成为他们职业层次体系中满足基本生存和发展需要后的一种较高层次自我实现的需要，成为他们职业生命中一种较为自由的状态，与教育教学工作形成相生相成、互促互进的良性循环，才能从根本上促进教师专业的发展，才能促进教师专业的可持续发展和高层次发展。

- 现代化教育治理不仅需要多元主体，还需要这些多元主体的理性参与。这就要通过多元主体互动、协作等方式，建立一套有效的治理体系，使不同的教育主体能够共同参与教育的决策、执行和监督，进而实现教育改革和发展目标。

- 教育集群最大的意义，就是找到了第三空间，把政府、学校、企业、社会力量有效地整合起来，形成教育的合力。

- 办好一所学校，开辟一条通道，引领一个区域，创出一片天地。这是我的教育梦想。

- 在教育实践中，要建立一个包含教师、学生、家长等在内的多元教育共同体，构建起师生、家校之间理解尊重、协同互助的良好关系，使对学生的外在约束与内在关怀有机地结合起来。在这个教育共同体中，主体之间形成良性的互动，在爱的氛围中进行沟通与交流，使学生在与他人的平等互动中触发心灵，不断唤醒人性，不断完善人性，不断丰富人性，不断升华人性；使学生能够摒弃私利性与功利性，彼此尊重、互相理解，不断得到纠正、补充、完善，不断增进师生间以及生生间交往的互动性与理解性，形成积极、和睦的教育氛围，形成良好的教育生态，并进而营造出良好的社会舆论环境，推动教育惩戒育人作用的充分发挥。

- 人的建设是教师建设的关键。

- 如果老师们具备了坚定的教育信仰和崇高的人性，学校成为教师和学生的幸福基地，我想老师们享受到的将不仅仅是教师职业的幸福感。

/ 印象十八中 /

## 一所学校的理想：聚贤学府，集美家园

2007年秋，北京进入首轮普通高中课程改革时，作为教育记者，为了挖掘北京市级示范高中——北京市第十八中学的实践经验，我曾与北京市第十八中学有过一次亲密接触。

那次采访可以说是我记者生涯中最"败走麦城"的一次，因为整个采访过程，时任校长薛红一直在"采访"我：她对北京和全国普通高中课程改革成功案例，如饥似渴，所以，几乎从头到尾都是她在问我在答。由此，这所渴望生长的学校给了我深刻印象。

从那以后，我会时不时走进这所学校。伴随着从十八中高中校发展为十二年一贯制的教育集团，成为拥有46所教育单位的方庄教育集群的龙头校，我与这所学校和后来集团建设的主推者管杰校长有了更多交集，参加各种师生活动、在方庄书院爱上古琴、吃学校食堂的工作餐、喜欢在二楼办公区的公共区域小憩、研究校园墙上的文化、迷上一些老师写在墙上的话语……渐渐地，对这所每一寸土地、每一块墙壁、每一棵花草、每一处空间都精心"雕琢"的学校所追求的"聚贤学府，集美家园"理念，有了更多认同感。

好学校，一定是能聚贤，也一定让在这里的人感到幸福，有精神的归属感。是否进入此境界，身在其中的老师、家长和学生最有话语权。

"学校为我们提供了多而广的成长平台，各级培训、专家指导、实践机会等，这让'新手上路'的我不仅没有迷茫和焦虑，反而多了冲劲与干劲。"研究生一毕业就到十八中，做了七年语文教师的张凯旋说："我感受到了成长的无限可能，学校就像一个源源不断、生生不息的生命磁场。"

"最初选择十八中，是因为十八中认了儿子中考成绩，没有任何其他要

求。我和儿子都心有不甘,有点退而求其次的感觉。但是,没想到这所学校会这么好,真心话。一是学校环境漂亮,气氛宽松,师生之间的关系比儿子之前就读的小学、初中都好。而且天天有体育课,儿子爱上了打篮球。二是老师水平普遍高……"网上,一个叫"张小跑"的网友对这所学校表达了由衷的感谢。

后面有一个学生的跟帖:"我爱它又恨它,我总说不想再回去了,却一次次往回跑。我说十八中不允许学生真实,却会跟别人说十八中给了我们太多的自由。无论如何,我都在这里遇到了一群非常重要的老师。我在这里长大。"

一句简单的"我在这里长大",不仅记录了一茬茬学生在这里成长,更见证了这所学校"聚贤学府,集美家园"的理想践行之路:让每一个十八中人"今天我以十八中为骄傲,明天十八中因我而自豪!"

（雷　玲）

1933 年,北京市第十八中学的前身自强小学诞生于北平市南苑镇。中华人民共和国成立后,学校于 1951 年开办中学班。1955 年学校从南苑镇搬迁到大红门东前街 74 号,1978 年学校成为丰台区重点中学,1990 年又迁至方庄芳星园二区 11 号,2005 年成为北京市级示范高中。

北京市第十八中学现已发展为由 18 个校区组成的教育集团,是 K12 一贯制学校。作为方庄教育集群的龙头校,北京市第十八中学带领集群从 27 所教育单位发展到 46 所。

◎ 办学目标

学校层面,高质量有特色的首都名校。

区域层面，"集群领袖，聚贤学府"，意思是十八中在集群和集团办学中必须明确自身的龙头领导角色定位，带领集团、集群成员共同发展，推动区域教育的发展。

社会层面，将十八中发展成一个汇聚、培养贤达人才的学习之所。

◎ 学校校训

聚学问辩，宽居行仁。

◎ 办学思想

"聚·宽教育"，其核心内涵是：以资源丰富的平台、宽广的锻炼舞台、贯通的学习台阶，聚焦核心素养，为每个孩子在18岁之前打下健康身体的底子、健全人格的底子、宽厚文化的底子、强大精神的底子，使十八中毕业的孩子走出校门后如飞龙出渊，利己达人、创造幸福。

◎ 育人目标

培养具有健康的体、温暖的心、智慧的脑、勇敢的行的优秀青少年。

/ 管理原声 /

# 尊重文化多样性是教育集团治理的基础

文化是教育集团的核心竞争力,是集团化办学的生命力所在。集团化办学要建立文化实现机制,以文化实现集团治理。但教育集团规模大、成员多,有多种文化因子并存,集团文化建设的实现策略和能力要求更高,在实践中操作的难度更大。

北京市第十八中学教育集团在构建集团化办学的文化实现机制方面进行了积极的实践和探索,在秉承集团"聚·宽教育"核心理念的同时,坚持集团成员平等参与、平等发展和发展成果平等分享,以开放的姿态包容集团文化的多元性,以自组织与他组织协同发展为保障,以传承、发展多样性课程为媒介,在多元文化的生态性碰撞中不断创新,探索出了一条集团化办学文化实现机制的全新路径。

第一,建构平等与包容的集团文化。

北京市第十八中学教育集团目前由5个校区组成,每个校区坐落在城市化发展不同阶段的社区,加上不同的办学历史和学段特性,形成了各具特色的学校文化。如方庄校区的"幸福教育"、左安门校区的"进取教育"、西马金润校区(原角门中学)的"全人教育"、实验小学(原芳星园一小)的"全星教育"、嘉泰学校(原北京第一实验小学彩虹分校)的"孝悌教育"。

面对多种文化因子,如果简单地以某一校区的文化为集团文化进行单向复制和输出,将是一种"摊大饼"式的发展模式,存在较大的弊端。首先,这种文化同质化的过程会使师生们不但对自身文化失去信心,而且对外来文化感到陌生而无所适从,将产生或明或暗的文化冲突。对集团成员校来说,这种文化发展模式可能短时间内有一定的推动作用,但缺乏长期发展的动力。其次,这种文化发展模式会导致成员校办学特色不鲜明,容易出现集团文化单一和同质化的弊端,导致集团缺乏多元文化的生态性碰撞而失去办学活力。同时,单一的学校文化视野毕竟有限,难以适应大规模教育集团发展,势必形成教育集团的发展"天花板",从而制约集团的深化发展。

面对这种情况,我们决定建设适应规模化发展的集团文化。首先,对集团成员校的文化进行全面、认真的分析、提炼和整合,吸取了各自的精华。其次,从中华传统文化中吸取营养,弘扬《易经》中"君子学以聚之,问以辩之,宽以居之,仁以行之"的精神,吸取了《礼记·学记》的"敬业乐群""论学取友""离经辨志"的思想。最后,结合新的教育改革的指导思想,在集团全体教职工积极参与下,提炼出了集团"聚学问辩,居宽行仁"的校训和"聚·宽教育"办学思想,其核心内涵是:以资源丰富的平台、宽广的锻炼舞台、贯通的学习台阶,聚焦核心素养,为每个孩子在18岁之前打下健康身体的底子、健全人格的底子、宽厚文化的底子、强大精神的底子,使十八中毕业的学生走出校门后如飞龙出渊,利己达人、创造幸福。

新的校训和办学思想得到了集团各办学主体的认同,成为集团联系的纽带,有效地避免了价值冲突和行为紊乱,增强了集团的凝聚力。这使集团进一步拓宽了教育视野,升华了教育高度,完成了教育理念的一次质的飞跃,成为集团发展的新起点,为集团的发展奠定了坚实的文化基础。

第二,孵育开放的集团自组织文化。

教育集团和各校区作为一种"他组织",行使着教育的组织、管理职能,保证了集团教育、教学的有序进行。但是作为一个大规模集团化学校,其内部必然会存在许多"自组织",这些"自组织"发挥着文化融合、文化创新的作用。"他组织"与"自组织"相互促进,形成了"刚柔并济"的集团组织文化,从而保证了集团文化实现的效能和效率,成为集团文化创新的关键。

因此,在集团文化实现机制建设过程中,我们要以文化自觉的高度全力孵育集团的"自组织"文化。在北京市第十八中学教育集团的"聚·宽教育"理念中,"聚"主要强调尊重集团主体文化,以"聚·宽教育"文化引领集团文化建设,以集团代表大会"聚"教职工、学生和家长的"民意",强化集团多元主体治理力度;"宽"主要强调尊重各种校园文化,意在为各种各样"自组织"提供宽广的舞台,促进集团文化的广泛创新,以此拓宽集团的文化视野,为学生、教师的成长创造一个和谐的文化环境。

例如,为了培育集团"自组织"文化,近年来,我们变"校本培训"为"校本研修",在研修过程中实现了"三个打破":打破了校区、学段和学科的界线,使教师们自主组合形成主题聚焦的合作研修小组,这种小组具有教师专业发展共同体的性质和功能,是一种"自组织"。我们通过加强这种"自组织"性质的研修小组文化建设,推动了教师的专业自发性发展,打通了教师专业成长的内在诉求,唤醒了教师职业生命中的专业意识、教育意识、生命意识,激发了教师发展的内在需要和潜能,从根本上促进了教师专业的可持续发展和高层次发展。如2017年的"校本研修",集团以教育教学诊断为依据,确定了10个主题的研修论坛,整个集团360多位教师根据自己的需求自主选择论坛,网上报名,进行自助式研修,使教师真正成为校本研修的主体,调动了教师们研修的积极性、主动性和创造性,提高了教师研修的内在动力,实现了研修内容与研修需求的灵活对接、协调互动,使历时一个学年的研修过程亮点纷呈、精彩不断。

第三,完善传承性的集团课程文化。

在"聚·宽教育"理念引领下,集团聚焦学生核心素养,以培养"健康的体、温暖的心、智慧的脑、勇敢的行"的青少年为目标,从学生的发展实际需求出发,将国家课程、地方课程和校本课程全面整合,通过横向贯通开发、纵向衔接开发、纵横融通开发、教育技术推进等方式,形成了集团十二年一贯制的、德育体育美育与智育协调发展的"聚·宽教育"课程体系。

为最大限度满足学生全面而有个性化发展的需求,在实施"聚·宽教育"课程的过程中,集团创新出了"三走制"课程实施模式,即集团内校区间的走校制、校区内年级间和班级间的走班制、班级内小组间的走位制。学生根据自己的兴趣和规划，有计划、有组织地选择课程，进行走校、走班、走位上课。

第四，精心呵护、建设集团文化生态。

每个生命主体的自我成长过程是一个文化传承和创新的过程，既不可替代，更不可简单重复。教育要以协助每个人的文化自觉为使命，从而实现文化的传承与创新。因此，营造氛围、涵养生态才是智慧的选择，集团化办学的治理艺术要彰显文化自觉层次。所以，保护文化的多样性和以学习者为中心组织教育、教学是历史赋予我们的责任和时代赋予我们的使命，也是集团化办学过程中面临的重任。我们要积极创造条件，营造整体的、和谐的集团教育生态环境，鼓励良性竞争，互相学习、共同发展，让集团的每个文化因子都能在自适应的"生态位"上和谐发展、自由生长，呈现百花齐放的状态。

在集团文化建设过程中，我们从内外两个方面对集团文化进行了生态建设。

在教育集团的内环境建设方面，我们采取了以下措施：

一是给予集团成员校平等的文化身份。刚融入集团的成员校，由于其原先的教育、教学薄弱，必然产生文化上的弱势，难免缺乏身份上的平等心态。名正才能言顺，集团成立后，我们首先进行了"正名"。我们将集团成员校分别称为校区，而不称本部、总部，或分校、分部，给予每个成员校平等的文化身份。

二是坚持集团集中与成员校分权的辩证统一。为了充分发挥成员校的办学积极性，我们没有实行集团单一法人代表的集权管理模式，而是采取多法人代表的治理模式。集团各治理主体共同遵守《北京市第十八中学教育集团章程》，集团总校长做到"不失位、不越位、不缺位、不错位"；既有集团统一的项目运行机制，又有成员校独立的项目运行团队；既有集团统一的标准和原则，以及基本要求和愿景追求，又允许不同校区、不同项目团队可以有不同的思想、内容与方略。集团与成员校权责分明，形成了集团集中与成员校分权的辩证统一。

在教育集团的外环境建设方面，我们采取了以下两条措施：

一是积极动员社区参与集团事务。社区居民有参与创造优质教育过程的权利，当他们参与到这个共生共创的教育过程中时，他们对集团的接受度和支持度就会更快、更强、更高，从而能够更加自觉地为教育集团的发展提供支持，人民满意的教育才能实现。如北京市第十八中学教育集团人民调解委员会由集团所在社区的法庭、派出所、司法所、律师、居委会代表、教师代表、学生代表和家长代表组成，负责集团教育、教学纠纷的调解工作，并提供相应的法律服务和法制培训工作。人民调解委员会通过化解师生间、学生间、学生与家长间、老师与家长间的矛盾，营造了良好的校园环境，有效维持了正常的教学秩序，构建了和谐的教育环境。人民调解委员会促使师生依法保护自身权益，正确处理同学之间、师生之间、家校之间的矛盾，成为联结和谐校园的纽带，最大程度降低了学校治理的失误。

二是建设社区文化圈。我们以方庄书院等为纽带，围绕着打造"一刻钟学习圈"，加强集团与社区互动，建设成社区支持教育、教育辐射社区的生态文化圈，是优化外部环境的重要措施。集团经常不定期派教师到社区学校、老年学校进行社区培训，邀请社区内的成功人士和名人到学校开设讲座和校本课程，面向社区举办校园开放周，与社区联合举行文化活动等，形成了社区理解教育、关心教育、终身教育的良好氛围。

第五，积极涵养集团成员文化基因。

集团化办学规模过大，必然会带来一定的弊端，一个教育集团不可能无限制地接纳新成员。所以，当一个集团成员校发展起来后，必然要及时重组新家庭（教育集团），以带动其他薄弱学校发展。同时，当一个学校在教育集团内的发展红利降低到接近零的时候，它在集团内继续存在下去已无必要，也要及时退出集团独立发展，以便集团能够吸收、带动其他薄弱学校发展。

如果在集团纳新之初不注意涵养成员的文化基因，那么成员退出集团后就会缺乏强劲的发展能力，甚至会出现退不出去的情况，使集团难以及时"瘦身"。所以，教育集团必须涵养集团成员的文化基因，注意保护成员文化的独特性，要保护各成员校文化种类和层次的多样化，保护它们在集团化发展中的自身特色。

例如，在接收芳星园小学为北京市第十八中学教育集团附属实验小学的过程中，我们注意到了芳星园小学有成熟的"全星教育"文化，即以每个人的身心健康、全面发展为重要旨归，具体分解为"星之德""星之智""星之体""星之美""星之动"五个方面。在实践中，以"立德星""启智星""健体星""尚美星""欣动星"为形式。芳星园小学在融入教育集团时，我们将"全星教育"文化与集团"聚·宽教育"文化进行了有效衔接，成为集团文化中一个校区特色文化。这样就使集团文化更多元、更有层次，更容易激发文化的内在生命力。

当然，我们强调涵养集团成员校的文化基因，尊重、包容多样性，并不意味着推崇价值个体主义。各个利益群体自说自话、冲突对立、毫不妥协不是我们所追求的。

集团化办学承载着更多的历史责任和时代使命，要力戒"规模不经济"，力争"规模效益"；力戒"众智成愚"，力争"众愚成智"。不能单靠行政命令推进，从教育集团的实际出发，在调查研究的基础上，探索建立适合自己发展的文化实现机制是一条有效的路径。

（管杰、李金栋、王志清、黄京，原文载《人民教育》2017年第10期）

/ 管理智慧解读 /

# "抱团取暖"产生的蝴蝶效应

开放、共享、连接！秉承这样的核心理念，经过十余年的努力，将散落在曾为北京翘首社区方庄的 20 多所中小学校"打破围墙"，整合为适合未来教育发展的方庄教育集群。这一并不轻松的漫长改革，如今，已让方庄地区扭转了"教育洼地"的尴尬局面，逐步实现了优质生源回流。而其背后的推动者，正是集群龙头校北京市第十八中学教育集团总校长管杰。

当时，借着北京市绘制教育新地图，进行优质教育资源均衡化改革的良机，十八中所在地方庄地区的 27 个教育单位于 2011 年 5 月进行整合，建立了以十八中为龙头的方庄教育集群，成为北京市第一个教育集群，管杰历史性地成为这个集群的首届理事会执行会长。

### 资源共享，集群校"抱团取暖"

两校老师"交叉站讲台"，在十多年前的教育界，是一个大胆的尝试。而这样的教育模式，13 年前就在同属方庄教育集群的十八中与中央音乐学院附中发生了，前者拥有优质的基础教育课程资源，后者拥有强大的音乐师资和课程优势。双方"牵手"合作，使中央音乐学院附中的学生享受到了市级示范高中的优质文化课教学，而十八中的学生也享受到了我国音乐教育最高水平的教学。

这一历史性"牵手"，成为方庄地区成立教育集群的开端。

管杰初任十八中校长时，一方面，学校所处的方庄地区尽管拥有丰富的教育资源，但却是"教育洼地"，优质生源外流；另一方面，作为区域内龙头学校的十八中，由于历史迁移中初高中出现剥离，一分为二直接导致生源体系衔接、教师队伍结构、文化完整性出现断裂，办学质量下滑，甚至影响学校在整个方庄地区的口碑。

"方庄区域内的这些学校，为什么不能融通起来？"刚开始搞教育集群的管杰，是带一点"私心"的。作为校长，面对走下坡路的教育生态，他首要考虑的问题是，怎么能让学生和家长对十八中重建信心？怎么能把外流的生源留在方庄？他希望，与地区的学校建立关联、产生信任，以此来弥补生源上的短板。

那次历史性"牵手"后，一种奇妙的连接在方庄慢慢产生。

以十八中为龙头，方庄地区27所中小学、幼儿园、职业学校开始"抱团取暖"，随之而来的，是一系列新的变化。

一天，集群内的芳星园中学校长向十八中提出要借用教室。管杰立马同意了。"为什么不借？校长不应该独守资源，而应该把资源进行最大化利用，才能体现出资源的效益。"那时的十八中经过改造后，校园面积大幅扩大，设施设备更新，报告厅改为音乐厅，还有了400米的足球场。要知道，在寸土寸金的北京三环内，这样的条件是很多学校难以企及的。

"集群怎么做？这些学校的需求就是很好的切入点。"管杰决定，将十八中的资源向集群开放。同时，他主张在集群内建立资源共享机制，各成员校把各自拥有的资源建成目录，向集群其他成员开放共享。于是，十八中音乐厅、足球场成为热门资源。经常有幼儿园的孩子们到十八中报告厅进行六一演出，小学的孩子们到十八中的体育场搞运动会……"抱团取暖"的蝴蝶效应产生了。

### 区域课程体系，延伸至市民终身教育

在管杰看来，虽然刚开始的方庄教育集群处于一种低层次的物质资源共享阶段，但单体学校各自孤立状态开始发生转变："围墙"像柏林墙一样，被推倒了。

简单的推倒"围墙"，只是停留在"柴米油盐"的资源共享上，集群的教

育资源更需要层次上的升级。从哪里升级？他决定从课程着手。

在发展的过程中，当时的集群内许多学校形成了自己独具优势的精品课程，如十八中的传统文化课程、科技特色课程，中央音乐学院附中的音乐教育课程，丰台职教中心的动漫制作、电子商务、卫生保健、服装设计、家政理财课程等。于是，集群的资源目录进一步发生变化。除各校已有的课程外，集群校开始实行跨校、跨学段开发。例如，十八中深化与中央音乐学院附中合作，将"新音乐教育"课程向集群内的小学、初中、高中不同学段推广。最终，集群形成了包含100余门课程的区域生态课程体系。每到寒暑假的第一周，集群课程开放选课。于是出现了家长带着孩子不睡觉，等着第二天在网上选课，一放开便迅速抢光的情景。

"集群是有效地将资源最大化地给到最需要的人。"管杰说。每个孩子的教育需求不尽相同，如果要用一所学校去满足所有孩子的需求，很难；但通过集群打造一个教育生态，每个孩子的不同需求就更容易得到满足。

连锁反应继续发生。上课时，很多家长接送孩子，被有意思的课程吸引，纷纷表示"我们也想学"。这再次引发了管杰思考：集群是否只能局限在基础教育、学历教育中？是否可能延伸到继续教育、市民教育、终身教育，让社区里各年龄层的人受益？在老龄化趋势日渐凸显的社会背景下，以集群为载体创造终身教育的场域是否更有意义？

于是，集群内的课程也面向方庄社区的家长等社会人员开放，不定期地派集群内的名师到社区学校、老年学校进行社区培训，邀请社区内的成功人士和名人到学校开设讲座；举办校园开放周；与社区联合举行文化活动等。

让管杰印象深刻的是，有一次集群邀请了周恩来总理的侄女周秉德来做报告，方庄一大群老年人来了。"我看到一位70多岁的老人，被人扶着颤颤巍巍地上楼去听报告，激动得不得了。他们那个年代的人，对周总理那种敬仰之情，非常打动我。"管杰说。

紧紧围绕学生发展需求在区域教育共同体中如何得到连贯性满足的系列问题，方庄教育集群十余年来以共享促协同，以协同促发展，以自组织激活他组织，27家教育单位形成了区域教育合力，以特色课程衔接促进学段衔接，以课程有效供给能力建设推进教育供给侧改革，满足了方庄地区近8000名学生发展的多样化需求。

"在'以物质资源和人力资源共享为主要功能的区域教育共同体、以课程共建共享为中心的区域生态教育共同体、以学段有效衔接为核心的现代化区域教育共同体'的三个阶段，探索出了五条实践路径：存量资源盘活共享，资源差异及优化配置，课程规模化、常态化开发，区域教育结构、功能优化，协同学习型和谐社区建设；形成了五个体系：课程体系、教师专业发展体系、智慧发展体系、家长谐美推进体系、治理体系。"让管杰欣慰的是，在解决问题的过程中，方庄教育集群逐渐将区域课程体系延伸至市民终身教育。

### 融合、互补，"区域教师"共成长

近来，"区域教师"的概念越来越多出现在公众视域中，为更多人所了解。在2022年教育部教师工作司的工作要点中，便将"打造区域教师发展支持服务体系"提上了日程。而这个概念的最早提出，可以追溯到方庄教育集群多年前一次学校间的"求助"。

"我们小学英语老师口语表达稍微差一点，能不能来个英语老师帮忙翻译？"那年，集群中一所小学有国际友人到访交流，学校向十八中提出诉求。很快，管杰安排了十八中的一位英语老师协助，那次国际交流得以顺利进行。

"是不是可以针对教师提供一些英语培训？"管杰想。很快，第一期小学英语教师培训落地，接着，集群申请了专项经费。2012年12月起，邀请美国耶鲁视线学校对集群小学的英语教师进行业务培训，每周半天。随后又为集群的校长、副校长们提供了英语培训。

基于"天时、地利、人和"的有利条件，方庄教育集群校之间的车程都不超过15分钟，于是，集群很早就开始尝试区域内的教师轮岗。

"教师流动，不是说一个骨干教师到一个薄弱校去教学，每个老师都需要在新环境中成长。解决职业倦怠问题、开阔视野、拓展思路，有利于老师间取长补短、互相学习。"管杰说。

十八中的老师们对此深有体会。在集团化发展过程中,原左安门中学成为第十八中学教育集团的新成员,两校的教师资源也全部打通。管杰提出:吃饭的时候,两边的老师们不要各自扎堆在一起吃,为什么不交流起来呢?

实际上,教学相长,一个老师长期教学习主动性强的孩子,跟长期教基础薄弱、学习主动性差的孩子,成长环境是不一样的。前者可能拿基础弱的学生没什么办法,但后者总有办法,"哪怕学生落后再多,他们从来没放弃过,都是推一推、拉一拉地带孩子往前挪"。

经过一段时间的磨合,现在学生们已经分不清楚来自左安门校区的老师和十八中老师的区别,说明老师之间相互融合了。原来十八中的老师对那些基础弱的孩子有了更多耐心和爱心,也有了更多推一推让他们多学一些的方法,来自左安门中学的老师,面对积极主动的孩子,也激发和点燃自己,能用更适合的方法来让这些学生"跑起来、飞起来"。

集团化过程中,十八中特别重视老师之间的优势互鉴、短板互补。同时也特别强调,不能让新加入的成员校有"大的吃小的"的感觉,而是提倡相互之间融合及包容。为此,十八中将校训改成"聚学问辩,宽居行仁",简称"聚·宽"。

方庄教育集群在区域教师培养上也有很多探索:承办全国班主任能力大赛,集群校积极参与;邀请人民邮电出版社组织国内知名的传统文化教育专家组成培训团队,对集群地方课程《中华传统文化》任课教师进行集中培训……

集群工作重点将来的走向是什么?管杰把目光放在了区域教师交流培训上。十八中进行了不少线上教师培训,也购买了很多培训资源。管杰表示:"让其他学校教师共享这些资源,对我们没有任何损失。而资源利用的边际效应会大大增加。"有"好教师",才会有教育的优质。如果优秀教师能在集群内流动起来,就可以减少学校之间所谓的差距。方庄教育集群承担教育部委托的"区域教师的专业发展与人力资源的共建共享"课题的行动研究,正在探讨建立集群内的首席教师制,引领集群教师共同成长。成为集群首席教师的一个必要条件是要在集群内的不同学校完成一定的教课任务和一定的教学任务,这样就促进了教师在集群内的流动。

如今,教育部已在全国10个省推进此项实践。

"我认为这个概念的提出很有价值,这里的区域是一个相对概念,区域教师培养打破了校际藩篱,它是一把很重要的钥匙,对教育均衡会起到关键性作用。"管杰这样总结这一探索实践。事实也显而易见:在方庄教育集群,"区域教师"让整个集群的教师实现了融合、互补的共成长。

### 建立外部连接,集群衍生更多可能性

"那一天来的人太多,外校的、外地的,我都没挤进去……"十八中教科研主任郭秀平回忆2016年学校召开的办学实践研讨会时说。来自北京、上海、天津、重庆四地教育界的专家、学者齐聚一堂,名师们开讲数学、传统文化、线性素描、机器人、围棋等课程,会议开展得如火如荼,到场观众的反响超出预料。

京津沪渝四地教师同课异构,获批教育部基础教育教师信息化提升平台试点……从内部互通到外部联动,集群就像个吸铁石,更多触角正在与外部建立连接。

"实际上,无论内部还是外部,集群的本质就是打破隔阂,建立连接。"在管杰看来,这种连接有着无限可能性。

2017年,中共中央办公厅、国务院办公厅印发《关于深化教育体制机制改革的意见》,明确提出"探索集团化办学"的改革任务。时任教育部部长陈宝生强调,推进教育均等化要做好的三件事,第一就是推进优质学校集团化办学。2018年北京发布《关于推进中小学集团化办学的指导意见》,开始探索集团化办学。据媒体报道,截至2019年1月,北京已形成160个教育集团。

由于"集团"与"集群"概念相似,很多人常常将二者混为一谈。实际上,它们的内涵并不相同。最根本的区别在于,集团化办学是相同的法人,

有严格的行政管理体系和运行机制，结构非常紧凑；而集群是"自组织"，其组织架构是平行的，更接近一种自发形成的生态系统，结构相对松散。

管杰曾讲到这么一个"笑话"：方庄教育集群建立后，作为牵头人，他到集群成员校时，学校里打着横幅——"欢迎方庄教育集群领导到学校视察！"管杰说，这个关系搞错了，"我们是平行关系、平等关系，不是领导关系"。

"有好多人就不理解，说不强制的话你能搞得起来吗？"郭秀平说。因为集群的活动从不强制报名、点名，也不需要会后"交作业"，来参加的人都是自发的。随后他道出了背后的奥秘：集群的本质特点是生态性。就像滚雪球一样，良好生态形成后，不依靠外力支撑和驱动，才是集群的生命力所在。

"其实，集团和集群的发展是一体化的。"面对集团与集群的关系，十八中提出"集群涵养集团、集团引领集群"。在管杰的设想中，集团和集群可以建立可进可出的转换机制："当一个学校在集团中孵化到一定程度，可以放回集群。"集群多年持续的资源互借、课程共建、教师交流，让学校之间的了解更深刻、信任更深厚，生源的接续顺理成章。"校长、老师们在自己的学生家长面前，起码会说一句：孩子留在十八中读书也挺棒的。这样一来，原来坚决不留的孩子，可能就会犹豫；原来在犹豫的孩子，可能就留下来了。"管杰说。

"集群让我做了很多'梦'。这个过程中很多独特体验让我无比兴奋，也引发了我对未来教育形态的思考。未来社区应该是学习型社区，学校不是建在藩篱中，每个人都可以满足教育需求；而区域教师将是一把钥匙，对教育均衡会起到关键性作用。"管杰说。

到 2023 年，集群之路已走过 12 年。管杰说："我最早觉得，当我退休后，有人说我带领一所学校发展得还行，我就满足了。现在看来，如果以后大家能够将方庄教育集群看作中国基础教育优质均衡发展中一个值得思考借鉴的样本，这就是我人生最大的意义所在。"管杰的梦，随集群的生长，一路花开。

（雷　玲）

/ 管理实践对话 /

# 做云时代教育的领跑者

2022年初夏，管杰编著的《做云时代教育的领跑者》一书，在业界引发了不小的波动。该书从一个校长的视角，阐述了信息化时代教育变革的内涵，也表达了一位校长在信息技术2.0时代的教育管理理念。"能够帮助教育工作者准确把握教育信息化的发展动态和方向，建立起智能环境下新时代教育的概念，深化理解信息技术2.0时代如何进行智慧校园建设，帮助广大中小学教师、校长及教育管理者提升信息素养。"如顾明远先生在序言中所说。

**问**：您认为，在教育信息化2.0时代，校长领导力的内涵将发生什么变化？

**管杰**：校长信息化领导力主张校长要成为信息化领导者角色。信息技术对学校教育和行政变革产生了重大影响，并取得良好成效，从而在现阶段的学校形成技术领导力需求。领导是任何教育变革、改革及革新的成功元素，信息技术要有效应用到学校的教育教学活动当中，校长必须具备面向信息化的强有力的领导力。

融合教育技术于教学活动之中，需要校长变革现有的学校模式，校长要成为推动信息化进程的动力。一位具备良好教育信息化领导力的校长，不仅需要具备技术素养，还要进行信息化方面的领导，使教师和学校行政人员能够有效使用信息技术。

信息化的推进不是校长一个人就能够做到的，必须与老师、学生和家长密切配合、深度合作，充分发挥信息化领导力在学校发展中的作用。在分析当前学校信息化建设的目标、任务、发展阶段及现状的基础上，推进学校基于数字平台的教与学发展，建构数字化校园，促进信息技术与教育教学、教育管理的深度融合，不断拓展国际视野，借助教学信息化深化人才培养模式创新。

《教育部关于实施全国中小学教师信息技术应用能力提升工程2.0的意见》的目标任务里，基本实现"三提升一全面"的总体发展目标中，首当其冲的就是要求"校长信息化领导力"显著提升。

今天的课堂，重点关注并培养学生的自主学习能力、创新实践能力、数据分析能力、情感处理能力。面向未来的教育，把握好时代的脉搏，形成面向未来的育人观和质量观。

面对这些新变化，学校未来的发展命运，不是靠行政命令，而是取决于校长的前瞻性思考和行为自觉，以及校长的创新课程领导力。而其中，创新领导力是校长领导能力的核心。校长创新领导力存在于学校的所有空间。抓住创新领导力自我提升、自我发展，就抓住了专业化成长的核心。

**问：** 您认为，在教育信息化2.0时代，校长知识结构应该发生什么变化？

**管杰：** 校长的文化知识素养体现校长领导效能，没有稳固的知识基础和健全的知识体系，校长的专业发展是很难实现的。所以，建构校长专业发展的知识体系是促进校长专业发展的重要前提。

一名高素质的新型校长，应具备深厚合理的文化知识结构，不但要有基础性学科知识，如教育学、心理学、管理学知识，还必须具备相应的法律知识；要具备综合协调能力，能够把握全局，刚柔相济；要敢于改进不合时宜的制度，改造过时陈旧的教学方法。

针对教育信息化的发展战略，教育信息化2.0时代的校长应通晓国家教育信息化战略，了解"三通两平台工程"，学习全国各地的教育信息化探索案例，把握地区与学校信息化落地的参考建议，知道教育信息化的网络信息安全等问题。对校长而言，能够率领全体教职员工迎着信息化浪潮，准确理解、把握住信息化对教育的深刻影响，站在更好更全面育人的方位，为全体师生创造未来的幸福，是校长最重要的信息化素养。

教育信息化2.0时代的校长要掌控技术的发展规律，拥有成熟的知识结构,了解信息技术对教育的影响,熟知国际国内教育信息化的发展趋势;从学校管理、课程模式、学习环境、教学范式、学习方式、教育评价、学校组织结构、教师专业发展等不同角度,准确把握教育信息化的发展趋势;关注教育均衡发展、教育公平、教学质量的提高,利用校长的知识技能促进行政管理和学校管理向服务转变。

最为核心的是,校长要由知识的消费者变为知识的创造者、生产者,提升研究能力,成为一名专家型校长。

**问**:您认为,在教育信息化 2.0 时代,校长决策模式应该发生什么变化?

**管杰**:俗话说,"决策的成功是最大的成功,决策的失误是最大的失误"。在学校的管理过程中,校长总是按照自己预定的目标或计划做决定,领导学校管理层通过教职员工和学生的共同努力,实现办学目标。因此,决策是校长经常使用的重要职能。要实现学校健康、和谐、可持续发展,校长就必须不断提高自身的决策能力。

学校是人才培养的专门机构,校长对好的教育要有深刻的理解,要有自己的追求。一位真正的好校长必须理解中小学这个特定阶段对于孩子们未来的成长意味着什么,知道他们需要什么样的学校教育,应该学习什么,以及获得什么样的素养。

人才的培养靠教师,教师队伍的建设靠学校的制度和管理。通过刚性制度、柔性文化促进学校发展,促进完善各项工作的保障体系。充分尊重教师,倾听广大教师声音,发挥中青年教师主力军作用,对学生学业、成绩和各方面表现给予客观评价。同时,努力实现学校制度执行力规划,制度权威不断增强,提高制度执行的公益性成本。培养学生全面而有个性的发展,成为各行各业的领军人物。

伴随着互联网的快速成长,社交网络、云计算技术迅猛发展,原本看起来很难收集和使用的数据开始容易被利用了。大数据时代的来临,为提高校长决策科学化水平提供了更好的解决方案。

当下，对海量、多样化的数据加以处理和使用的技术，增强了中小学校长决策的科学性。

**问**：这些年，您在十八中和方庄教育集群于信息化建设方面，开展了哪些实践？取得了什么发展？

**管杰**：自2010年以来，作为方庄教育集群龙头校，我们走向了一条在教育集群背景下，探索利用互联网技术提高区域教育信息化治理水平之路，使方庄教育集群从最初的"抱团取暖"、以资源共享为主要功能的区域教育共同体，发展到以课程为中心的区域生态教育共同体，再到以打通各学段学生的出口、改变区域教育结构为主要任务的现代化区域教育共同体。信息化建设也走过了一条由1.0时代到2.0时代不断实践的发展之路，其间观念的转变起到了核心的作用。

一方面，强调"聚"，借助互联网与人工智能的优势，为学生与教师聚集更加及时、适切、全面的信息与资源，更好地支持个性发展。例如，过去的教育管理是补救型的，先出现问题，后解决问题，再加强管理，没有强调教育治理现代化。教育治理的现代化就是要借助信息化手段，以数为据，提前洞察问题，缩短决策与行为反馈的周期。

另一方面，强调"宽"，要以解放师生、激发师生的自主成长动力为应用的考量标准，避免泛用、滥用。工具的作用应该是把人从重复的劳动中解脱出来，而不是异化人，同样，信息技术作为一种工具，我们也要非常警惕它对人的异化。例如，大数据让以前采集难度较大的一些数据实现实时采集，这是科技的助力。但如果采集的数据是更详细的分数排名、对学生无处不在的视频监控分析、对教师行为细节更繁复的监控，数据技术被滥用，成为限制师生自主行为的抓手，那就会与"唤醒、对话、包容、成长"的"聚·宽教育"实践原则背道而驰。

实践中，我们不仅将信息技术引入到教师研修需求的挖掘中，而且注重教师作为教学主体的信息化教学能力。2019年12月，十八中遴选了30名骨干教师，进行了"新技术与共同体课堂的融合创新——信息技术应用能力提升工程 2.0 培训先期研修"，将信息技术应用能力提升工程 2.0 培训的 30 项微能力点指标进行合理组合、有效衔接。

值得我们自豪的是，以北京市第十八中学教育集团为龙头的方庄教育集群，在 2017 年凭借自身教育信息化实力成功入选全国"中小学教师信息技术应用能力提升创新培训平台"，成为平台中唯一的基础教育单位。根据教育部统一部署，方庄教育集群负责对口支援青海省玉树藏族自治州中小学教师信息技术应用能力的培训工作。基于偏远牧区师资匮乏、优质课程资源紧缺、教师培训帮扶开展困难的实际情况，结合青藏高原独特的地理、气候等自然条件，我们确立了线上线下相结合、集中分散相结合、点与面相结合的援助方式。

近年来，十八中在人工智能、网络教学、科技扶智等多个领域进行大胆的实践和创新，取得了领先的探索成果。十八中还多次荣获全国数字化示范校、全国网安启明星示范校、全国青少年人工智能活动特色单位。在 2018—2020 年圆满完成了教育部对口支援青海省玉树藏族自治州中小学教师信息技术应用能力的培训工作。"双减"以来，十八中的智慧教育平台拓展了传统的作业和课后服务等内容，推进了"双减"工作的落地。

**问：**我们都知道，未来教育的变革更重要的是教育者观念的变革，这是当前教育工作者遇到的重要挑战。信息技术虽然引起了教育的巨大变革，但立德树人的本质没有变，在这种情况下，您作为校长，最想做的是什么？

**管杰：**《做云时代教育的领跑者》这本书就是在与大家探讨教育如何培养未来社会的公民，教育如何主动去适应科学技术的进步而引起的社会变革。一如我在书中所表述的，作为信息化时代的校长，不能仅沉迷在对信息技术迅速发展带来教育巨大变革的思考中，而是要以学生为本的视角来审视信息化 2.0 时代的教育变革，从人类未来发展着眼，以人文精神来探讨教育技术的进步，抓住教育的本质。我想，这正是我们今天作为校长最应该做的。

（雷　玲）

/ 管理特色 /

# "聚·宽教育"引领下的实践模式和路径创新

### "三化三育"的办学特色

"三化"即集团集群化、数字化、国际化,"三育"指科技育人、体育育人、艺术育人。

### 课程文化建设

#### 1. 健康的体课程

学校牢固树立"健康第一"的理念,重视学生的身心健康发展,积极开发、实施健康的体课程。坚持群体体育与竞技体育并重,注重数据,科学施教,实现学生素质和比赛成绩的双提升。

#### 2. 温暖的心课程

在社会主义核心价值观的引领下,十八中创建了八个机制:文化实现机制,"三位一体"全员育人机制,"三育人"内部整合机制,实践育人与网络育人协同机制,课程育人与教学育人结合机制,同辈群体人际交往与榜样示范协同机制,学校、家长与学生相结合的评价机制,以及学校、集群、家庭、社会教育协同机制,积极开发、实施温暖的心课程。

#### 3. 智慧的脑课程

在智慧的脑课程建设中,十八中不仅注重文化课程的深化和拓展,还积极进行智力训练课程的开发。

#### 4. 勇敢的行课程

勇敢的行课程不仅培养学生的行为勇敢,而且培养学生勇于探究未知世界的勇气，鼓励他们大胆、自信地表达自己，成为一个聪明、快乐、自信、勇敢的青少年。

### "三走制"

十八中运用"三走制"实施"聚·宽教育"课程。所谓"三走制"，即集群内走校制、学校内走班制、班级内走位制。学生根据自己的兴趣有计划、有组织地选择跨校课程，在职业学校、专业学校、普通学校间走校上课。

### "聚·宽"课堂价值追求

"聚·宽"课堂是师生共同成长的生命场，是立德树人，充分体现核心价值观的课堂。

"聚·宽"课堂是培养学生具有健康的体、温暖的心、智慧的脑、勇敢的行的课堂。

"聚·宽"课堂是突出培养学生质疑精神、创新思维、实践能力的核心素养的课堂。

"聚·宽"课堂是关注学生差异、突出个性、自主生成的课堂。

"聚·宽"课堂是培养学生自主学习、合作学习、探究学习的课堂。

"聚·宽"课堂是教师展示人格魅力、智慧魅力、教学魅力的课堂。

"聚·宽"课堂是体现学科内外综合的课堂，是与信息技术深度融合的课堂。

"聚·宽"课堂是开放的课堂，是活动丰富多彩的课堂，是体现知识生活化的课堂。

"聚·宽"课堂是注重多元评价、过程评价的课堂。

### "明慧·博雅"的教师文化

"聚·宽教育"要求十八中的教师队伍应该是一支"明慧·博雅"的教

师队伍，要拥有崇高的教育信仰、高超的教育教学水平、端庄典雅的气质、严谨的治学态度和宽阔博大的胸襟；不但要做一个坚定的人性理想主义者，还要具备教育、教学研究的能力和方法，能及时发现教育、教学中的问题并提出解决方法。做到习总书记要求的"做学生锤炼品格的引路人，做学生学习知识的引路人，做学生创新思维的引路人，做学生奉献祖国的引路人"。

唤醒自发性：构筑教师专业发展的生命场。自发性是比自觉性更高级的发展形式。在实践中，十八中通过培养教师的教育情怀、加强教师教育叙事研究、关注教师专业发展的"过程"、优化教育生态等举措，推动教师的专业自发性发展，由此打通教师专业成长的内在诉求，唤醒教师职业生命中的专业意识、教育意识、生命意识，激发教师发展的内在需要和潜能，从根本上促进教师专业的可持续发展和高层次发展。

### 书院文化

学校成立了以"塑造心灵，启迪智慧"为宗旨的方庄书院。方庄书院积极挖掘图书资源，举办读书理论研讨和专题讲座，开展阅读竞赛和读书经验交流活动。方庄书院同时具有丰富的文化价值和社会意义，它既是学校教育的一部分，也是社区居民教育的重要组成部分，有效实现了学校教育与社会教育的衔接和贯通，一定程度上成为凝聚当地居民文化诉求、提升区域文化品质的精神家园，成为学校与社区之间的一座桥梁。

### "夏舒展"处方

学校在夏季要注意舒展学生的情怀，对学生常喜欢、不抱怨，鼓励学生每天都能做助人为乐的好事；鼓励学生不怕炎热，多外出感受大自然的繁茂景象，多汲取天地给予的能量，振奋精神；鼓励学生树立远大志向，精神饱满、信心十足地向既定的学习目标努力。

（红袖子整理）

# "传奇校长"叶翠微和湘湖未来学校

**叶翠微**

湘湖未来学校总校长。原杭州第二中学党委书记、校长。浙江省人民政府特约研究员,教育部中学校长培训中心、西南大学、浙江师范大学兼职教授,中国教育战略发展学会高中专业委员会理事长。

叶翠微说，他心目中的湘湖未来学校，是一个种桃、种李、种春风的校园，能"让会飞的学生飞起来，能飞的学生飞得更高"，而湘湖未来学校的老师，应该是跨界、跨学科的"玩家""杂家"，必须掌握六种特殊技能：能做美食，能登山，会读书，会玩游戏，能观赏戏剧或画展，对未来有畅想。

在这样的校园里，讲"三开"——开明、开放、开化；崇"三宽"——宽松、宽容、宽厚；树"三性"——人性、理性、灵性。

在这样的校园里，从养人走向树人：育一个大写的人，从人的完整与完整的人、人的幸福与幸福的人、人的未来与未来的人三个方面实现；成一个大写的人，培养孩子的中国心、民族魂、世界眼、未来脑、国际范。

作为首任校长，叶翠微说，办学要看十年后。十年后，他要"办一所名校"，让一所学校，让一群孩子静静地、体面地、从容地走向社会，走向未来；他要"成一片森林"，未来，湘湖未来学校的办学资源是开放性的，在"共享、共融、共建"的理念下，寻找区域教育和谐发展的新路径；他要"树一面旗帜"，这面旗帜就是"公""民"协同，教育互助，各美其美、美美与共，为党育人，为国育才。

这，或许正是湘湖未来学校的可学可敬之处。

/ 印象叶翠微 /

# "一根筋""一生情"的教育玩家叶翠微

自称"教育玩家"的叶翠微在回望自己40余年教育人生路时,用了两个词:"一根筋""一生情"。

他如此解读:"一根筋"——我就是一个"校痴",我只愿守在校园里,离开了校园就像鸟儿失去了翅膀,飞不高,飞不远;"一生情"——这辈子生于斯,长于斯,如有来生,我还愿当老师,做校长。

他自评,"行者无疆"是对他最贴切的形容。过去40多年,从沙市到北海,从北海到杭州,他跨越大江南北,心无旁骛,只做教育这一件事。如今,这位行者在湘湖畔停下脚步,扎下根来,依旧办教育。

他身上光环无数:杭州市十佳中小学校长、浙江省功勋教师、全国十大人气校长、中国好校长……网上关于这位校长的评价很多:传奇校长、玩家校长、梦想家校长,坊间还有很多他办学的"武林秘籍"。

这些年虽未与叶翠微谋面,但他在杭州二中当校长时,我就知道他是一位被业界称为"传奇校长"的人物。跟他第一次神交,是2022年他为湘湖未来学校"招兵买马"。碍于一些情面,我向他推荐了一个我也不太看好当老师的人,他百忙中认真面试,然后很委婉地告诉我:小X老师还需要锻炼。我当即秒回"理解",如释重负:为叶校长认真选师点赞,为自己完成推荐任务松了口气。

在提笔写叶翠微时,我在网上看到一篇他于2021年为湘湖未来学校招聘老师要求应聘者"要过六关"的文章,对他有了更多的认知。

文中,叶翠微透露,来湘湖未来学校应聘的老师应该是跨界、跨学科的"玩家""杂家",必须掌握六种特殊技能,即要先过六关:

第一关，一起做美食，与大家分享。"这一关考察的是老师有没有生活情趣。"他解释道。第二关，一同去登山，登高望远。他希望通过这一关，考察应聘者的毅力、身体素质和运动习惯。第三关，一起品本书。这一关想考察应聘者有没有阅读的习惯，在阅读过程中是否会思考，有没有心相互动。第四关，一块儿做游戏。他解释："从我多年的教育经验看，孩子喜欢一门学科，往往是从喜欢这门学科的任课老师开始的。"第五关，一同观赏一次演出或一次展览，可以是戏剧，可以是芭蕾，也可以是画展。考察的是应聘者的审美情趣。第六关，一次共同畅想，关于未来学校、未来教育。叶翠微说，借此想了解应聘者的教育情怀、梦想和愿景，以及表达能力。

过完"六关"，应聘者还要上一堂课，做一次课程专题报告，湘湖未来学校才会敲定人选。入围者除了成为湘湖未来学校的老师，还有机会成为叶翠微的徒弟。"我这次找的是'追梦天团'，欢迎来自海内外有教育梦想的青年才俊加入。"叶翠微发出的"英雄帖"，应帖者云集。

叶翠微常提到一句话：办学要看十年后。可见，跟这样的校长过招，要有足够的耐心和坚持。我对此深有体会：在本书八位校长的材料收集中，他最考验我的耐心和坚持，因为他，实在太忙了！所以，当其他几位校长的材料都到后，他在我的一而再、再而三的催促和不断坚持下，发来了一页纸的链接。打开的一瞬间，原谅我不厚道地笑了：这不就是一堆网上的链接吗？至于这么久才发来吗？再往下看，我发现，这些链接是按我要的材料细心分类归纳的，还留下手机号码：有问题可以随时联系他。由此可窥一斑，此人"武功"高强：第一，认真；第二，很认真；第三，相当认真。

这篇稿件的初稿给叶翠微后，我受邀到他创办的湘湖未来学校走走，于是2024年1月18日，有了我跟他的第一次见面。参观校园并跟他长谈后，我发现，我通过网上交流对叶翠微最初的"印象"是精准的：他是一个深懂中国教育，并愿为之践行教育理想的人。所谓教育玩家，一如湘湖未来学校的名字，他"玩"的是对学校、对师生未来发展的教育情怀。

（雷　玲）

> **校长语录**

- 办学思想应该是校长头脑里的东西，也就是根植于校长心中的教育思想及教育思想与实践智慧的结晶。其中，教育思想是"皮"，办学思想是"毛"，正所谓"皮之不存，毛将焉附"。

- 当校长，就是要做暖心的人，让人感到你带领下的学校是暖洋洋的。没有温度的教育不叫教育，叫培训。

- 要育一个完整的人、一个幸福的人、一个未来的人，并将"反内卷"作为办学最重要的DNA。

- 要想提高办学水平，必须有开放、多元、有序的资源，在办学过程中不断叠加，最终形成更为强大的资源。

- 要唤醒教师的创造力，教师存在的意义就是因为学校允许他们创造。

- 学校应该有它的精神：民主、人道、创造；应该有它的文化：以科学理性、美的情怀为价值；应该有它的风采：高贵高雅、磅礴大气、生生不息。

- 做校长要敬畏天命、敬畏公理、敬畏常识。

- 高中教育要从"千人一面"的模式走向多元、个性。高中教育要面对的是如何让一个自然人成为一个社会人的问题，最重要的是要教会学生学会价值选择和责任担当，培养学生学习的能力。

- 学校要营造开放的环境和良好的氛围，鼓励和允许学生试错。当然，学生试错的基本前提是上不触犯法律法规，下不违反学校的规章制度。

- 一所学校最核心的竞争力在哪里？是师资，是优秀师资下的现代课程。

- 教育要回归本源，要发展学生持续一生的能力。做校长就要做一名好校长，更要坚守一份教育者的良知。好校长要讲"四气"，即有志气、有豪气、有才气、有霸气。成为一名好校长是一生之德，也是一生之幸。

- 办好一所学校需要打造好的教师团队，需要用氛围去影响人，用目标去引领人，用平台去发展人，用评价去激励人。
- 我是校长，也是老师，同时是一个教育管理者。但是我更想给自己的定位是一个教育的玩家。因为我喜欢玩，我也期待通过这样的行动，带领一群孩子去玩。玩到哪里去呢？玩到世界名校里。
- 无论如何，教师的主业仍然是所教学科的教学工作，不能因为发展个人的业余爱好，荒废了自己的教学主业，影响了学科教学质量。
- 只有深耕教育思想之根，才有繁硕的办学思想之果。
- 要提炼一所学校的办学思想，就要做到以下三点：

一是把"脑门"打开，要在一种开放、多元、共建的话语体系中打磨提炼。我们提出"育一个大写的'人'"的办学追求，把"人的完整与完整的人，人的幸福与幸福的人，人的未来与未来的人"实操化，就是一个开放、汲取、凝结、打开"脑门"的过程。

二是把"心量"扩大，用博大的胸怀，迎八方之才思。在湘湖未来学校创建过程中，我们不畏权威，以学习为重，以使命相托，倡导头脑风暴、思想解放，让每个人的意见和观点都受到尊重。

三是有"慧根"加持，即要把自己的所思、所悟、所行，在大智慧视角下一以贯之。我们推出了每周学习分享会、阶段性成果分享会等，目的就是彼此加持、相互给力，这些都成为校园里一道亮丽的风景线。

/ 印象湘湖未来学校 /

# 一个种桃、种李、种春风的校园

2024年1月3日，2023WA中国建筑奖揭晓！

让人兴奋的是，入围的唯一一所学校——湘湖未来学校（原名湘湖公学），竟然荣获了WA技术进步优胜奖（最高奖）。

这所学校自筹办之日起，就备受瞩目。

学校"诞生之初"，首批孩子步入大门，抬头"哇"声一片，这不是学校吧？这不像学校呀！那这是什么呢？博物馆？科技馆？艺术馆？美术馆？体育馆？

站在一旁的叶翠微欣慰地笑了。孩子们的直觉没错，湘湖未来学校就是致力于将自己打造成一座学习Mall。

2020年5月，首任校长叶翠微在自己的微信公众号上发布了招聘启事，透露一个重磅消息：这所位于杭州湘湖之畔的新学校，计划于2021年9月开学，实行小班化教学，目前设置小学、初中两个学段。

"我将把湘湖公学作为我一生最心仪的一幅作品。"因为这个有着传奇色彩的掌门人，从湘湖公学到湘湖未来学校，注定了不平凡。

"让会飞的学生飞起来，能飞的学生飞得更高。"这是叶翠微始终倡导的一种教育理念。在他的心中，学校是一个好玩的地方，校园里应该始终充满着一种浪漫的理想主义情怀和自由的气息。

2021年新年，叶翠微说，一个种桃、种李、种春风的教育时代，正向我们徐徐走来。这正是他对当年9月正式开学的湘湖未来学校寄予的期待。

这所集山水、人文、绿色、科技、艺术于一体的未来学校，经过两年多的精雕细琢，为我们带来了一种全新的教育样态：办一所名校，成一片森林，树一面旗帜。

叶翠微的解读是这样的——

"办一所名校",让一所学校,让一群孩子静静地、体面地、从容地走向社会,走向未来。

"成一片森林",未来,湘湖未来学校的办学资源是开放性的,湘湖未来学校不是"神兽出笼",不挑起"军备竞赛"。而是与同在蓝天下办教育的人共享、共融、共建,寻找区域教育和谐发展的新路径。

"树一面旗帜",这面旗帜就是"公""民"协同,教育互助,各美其美、美美与共,为党育人,为国育才。

今天的湘湖未来学校,承载的不仅是叶翠微40多年的教育梦,更开启的是一群教育追梦人对场景教育的探索。

如果说,一所名校是一本书、一首诗、一幅画,那么,一所名校的校长就是书之风骨、诗之神韵、画之灵魂。作为曾经杭州二中的"掌门人"、今天湘湖未来学校的首任校长,叶翠微在这样一个教育好时代,努力成就着一个种桃、种李、种春风的校园。

(雷 玲)

**校园文化**

2020年7月,浙江省杭州市萧山区教育局、闻堰街道、海亮集团三方签订了《闻堰教育综合改革试验区合作协议》,以叶翠微为总校长的管理团队正式开始指导闻堰初中、闻堰小学等学校管理。闻堰教育综合改革试验区作为改革试点,将依托湘湖未来学校教育集团搭建共建、共享、共育、共赢的集团化教育共同体。学校集湘湖书院、江南雅院、中国和院于一体。

◇ *办学追求*

从管人走向养人:

一是"三开"——开明、开放、开化。

二是"三宽"——宽松、宽容、宽厚。

三是"三性"——人性、理性、灵性。

从养人走向树人：

育一个大写的人，从人的完整与完整的人、人的幸福与幸福的人、人的未来与未来的人三个方面实现。

成一个大写的人，培养孩子的中国心、民族魂、世界眼、未来脑、国际范。

◎ 学校精神内核——校联

校匾：三江一苇

上联：蒙养始基，发轫趁龙门。浴者风乎咏也，堪凭此湘湖三万顷。

下联：髫垂志学，出群成骥足。行而知则用之，莫轻侬童子六七人。

/ 管理智慧解读 /

# 解读杭州二中之教育蓝图、湘湖未来学校之教育理想

在杭州二中17年里,"教育理想主义者"叶翠微曾带领学校"办一所中学里的大学"。执掌海亮教育后,他的"理想学园"是这样的:有着中国美学的山水和人文意蕴,"不唯分数,只唯英才",关注"完整、幸福和未来"。于是,湘湖未来学校来了。

作为杭州二中任职时间最久的校长之一,叶翠微2017年离任后,接受了海亮教育集团的邀约:(1)在杭州办一所代表浙江,走向全国,乃至走向世界的顶级学校。(2)将杭州二中的教育实践,特别是基于育人的理念,在海亮更大程度、更大范围地进行推广。

一个17年,一个近3年,解剖这两所学校的管理模式,我们将得到什么样的启发?

## 杭州二中:办一所中学里的大学

### 教方法明责任,托起一群孩子梦想

叶翠微很感谢杭州二中给了他施展抱负的舞台,他戏谑道,在杭州二中的舞台上,他常常跳"裸舞"。因为没有什么可掩饰的,所以他的教育追求坦诚而执著。

正是有这样一份纯粹,他慢慢地感觉到干教育有着何等的乐趣:"这个乐趣就在于当我们心系一个孩子的时候,我们涵养的不只是一个孩子的习

惯，而是一个家庭的希望。当我们托起一群孩子梦想的时候，可能就托起了一个国家的未来。因此，作为一位校长，我愿意风里来雨里去，各种尝试，身体力行。我常常想，十年后我的学生在哪里？他们有哪些新变化？散发出什么样的精气神？他们的抱负是什么？他们的贡献在哪儿？"

无疑，叶翠微希望学生正直善良、精神蓬勃、做最好的自己，有相应之作为，他不希望自己的学生是钱理群教授所说的"精致的利己主义者"。但客观地讲，那些"精致的利己主义者"，并非天生就精致地利己，"人之初，性本善"，他们的精致利己是后天习得的，是周围的人，是他们经历过的事，让他们认为，世界就是这样的，他们也理当如此。所以，说到底，我们每一个人都应该认识到自己在影响着这个世界，为人父母者、为人师者，更要认识到自己对孩子、对学生的影响之巨大。

学生是学校的作品，若是希望学生将来正直善良，将来利己、利人、利社会，那么学校应该怎么做呢？

杭州二中的111周年的校庆，可谓为全校师生、全市人民、教育同行上了极其生动的一课。

杭州二中拥有很丰富的校友资源，111周年校庆那天很热闹，为官者、做学问者、大小商贾，从世界各地来了近3000名校友。中国是礼仪之邦，校庆这样的活动总会有些规矩，对于国人都比较看重的座次，大家在想，杭州二中会怎么安排？

受邀参加校庆的浙江大学党委书记邹晓东，在活动结束之后对叶翠微说："大学，要向杭州二中学习！"杭州大学原校长郑小明是杭州二中的校友，很激动地说："叶校长，你给大学上了一课！"

杭州二中的校庆，是按照三个规矩来运作的：不媚官、不扰民、不纳粮。校庆没有邀请不是校友的官员，也不找领导题词题字，入座序长不序爵，把最好的位置留给长者，可谓不媚官；杭州二中没有因为办校庆就停课，影响学生的正常学习，可谓不扰民；校庆不接受教师、家长、校友的捐赠，可谓不纳粮。"三不"校庆，影响深远。两年后，南京大学校庆借鉴杭州二中"序长不序爵"的做法,一时竟声名鹊起。

2016年毕业的张添翅,在杭州二中读书期间,总喜欢跟妈妈说起学校里的事。在妈妈冯晓的心中,杭州二中给她的印象是一件件事垒起来的:"二中之巅"的不羁文字、每年运动会闭幕式上的狂欢、数学办公室里寄养的高三毕业班的两只兔子、班级民主投票否决了班主任提前早自修的提议……

张添翅向妈妈提到的"二中之巅",在地理位置上,是杭州二中的至高点。因建筑风格需要,行政楼和学生楼之间有一个高出这两栋楼的部分。从里面看,是一个两层的阁楼,四面都是玻璃,可以眺望全校的风景。学生很喜欢在这里小憩。但不知从什么时候开始,学生开始在玻璃墙上留言、涂鸦、抒怀、宣泄——"某某老师,你'整死老子'了!""大头妹,我喜欢你长发飘飘,我在浙大等你!"……

有老师发现后,报告给学校。叶翠微去看了后,发现不仅是玻璃墙,周边雪白的墙壁也被写画得乱七八糟,的确很不好看,个别内容也过于粗俗。有人提议,给通往阁楼的通道加门上锁,学生就上不去了。叶翠微认为,这里已经演变成一个能让学生说心里话的地方,不能一锁了之。"二中之巅"到底怎么处理,不妨听一听学生们的意见。

这件事情就交给了高小井同学。那是2005年上学期,高小井已经确定保送北大,相对比较清闲。他花费一周的时间进行了问卷调查,结果是70%左右的同学坚决反对关闭"二中之巅",15%的同学选择听学校的,15%的同学表示无所谓。既然大多数学生反对关闭"二中之巅",那就制定游戏规则,明确"二中之巅"言论自由的底线:第一,不能反党反社会,第二,不能有卑鄙下流之语。

"人心里有事若能找个地方说出来就不会压抑,积压的情绪就不会像洪水泛滥成灾。学校应该给学生留一个心灵发呆的地方,要允许学生去抒怀、打闹,要允许学生把真实的想法和情感坦露。正是这份允许,才能显示出一所名校的大气、包容、平和。"

重新对外开放的"二中之巅",被很多学生称为"阁子",也有学生视之为"精神之巅"。"我亲眼见证身边的朋友在考试前夕写满了希望,在失恋后写满了无奈,在节日时写满了祝福,在离开时写满了伤感……'二中之巅',让学校许多陌生人变得熟悉起来,也让在校的我们可以和毕业的前辈们跨时空交流。"扎着马尾辫、戴着圆圆眼镜的劳丹宁,因为总是在"二中之巅"上奋笔疾书,成为杭州二中的名人。

叶翠微偶尔也会去"二中之巅"看看,看到孩子们写的一些话,微微一笑。毕竟是青春年少,言语总归带着些许稚嫩和偏激,这些都是自然生发的状态。他认为,对于孩子们的偶尔偏离轨道,无须大惊小怪,学校只需就带有普遍性的问题进行合理的引导。譬如,他曾经跟孩子们聊过人要学会面对,学会用幽默化解纷争,让孩子们互相影响,自我成长。

只有曾经受到过尊重,学生才可能会尊重别人;唯有对别人的生命心存敬畏,才能担当起自己对社会的责任。2016年9月,北京师范大学受教育部委托,发布《中国学生发展核心素养》,其中有一条为"责任担当"。叶翠微认为,学生若要承担其责,必先去其功利,学会尊重他人,学会敬畏生命。

天何言哉?四时行焉,百物生焉。杭州二中就是这样把学校的育人理念融入到每一件具体的事情中,涵养师生的人格。

### 搭舞台唱大戏,开阔国际视野

在叶翠微的教育理想中,杭州二中的存在,不只是为大学输送新生,更要为学生做"卓越的二中人、杰出的中国人、优秀的世界人"奠基。

在哈佛大学主修数学和计算机科学,辅修社会经济学和心理学的郭文景,当初放弃直升机会选择读杭州二中,就是因为在人群中多听了几句叶翠微校长的演讲——"世界很小,二中很大"。她接受采访时说:"叶校长富有前瞻性的理念、富有哲理的教诲、贴近生活接地气的演说、激情四溢的正能量,深深地影响着包括我在内的所有二中人。他使我们努力地去成为一个有情怀、有理想、有智慧、有强壮体魄的世界人。"

郭文景是一个很有个性的女孩,2015年她接到美国一家机构来电,有机会获得一项含金量很高的荣誉,前提是在个人档案"高中"这一项,将杭州二中改为美国的一所高中。未加思索,郭文景就拒绝了。"我是杭州二中的学生,这里有很多优秀的学子,我只是其中普通的一员。我相信任何一个优秀的杭州二中学生,都有能力获得这个奖项,因为杭州二中非常优秀,它可以和任何一所世界一流高中媲美。"郭文景说。

这让叶翠微很感动:"我们的学生在国际舞台取得荣誉时,他们对自己的身份有非常坚定的确认,这是一种对学校、对家国的情怀。"

曾经在高一申请理化生三科免修,目前客居英国的张维加,也曾与叶翠微说,待一些棘手的课题完成得差不多了,他就会回来,报效祖国。

"我们谈教育国际化,其实,引进国际先进理念,做到'你懂世界',这仅仅是第一步;'向世界展示你的不同',这应该是第二步。所以,学校鼓励学生走出国门参与国际竞争,把'二中好力量''中国好声音'带到国际舞台上,我认为,这也是二中的名校使命。"叶翠微说。杭州二中每年出国留学的人数占比12%。

为了扩大学生的视野,杭州二中积极为学生们搭建"唱戏"的舞台:

王睿琪和小伙伴们的研究课题《帮助城市流浪者》,获得"中国大智汇创新研究挑战赛"的"杰出社会动议奖"。

高一学生季初蓉发明了"多功能健康节能开水器"。

高一学生胡蕾发明带过滤装置的水龙头,获国家实用新型专利。

……

杭州二中除以上这些给学生们崭露头角机会的各种社团和各类俱乐部活动外,还有"与大师同行"等系列讲座,邀请中外名家来校与师生交流,每年超过15场。

叶翠微在任期间,邀请了国学大师南怀瑾先生之子南一鹏先生,香港中文大学商学院助理院长王家彻博士,复旦大学哲学学院博士生导师王德峰教授,清华大学副校长、中国科学院院士薛其坤教授,中国科学院物理研究所研究员、博士生导师杜世萱女士,中国科学院李永舫院士,浙江大学竺可桢学院副院长唐晓武教授等知名学者、专家来校作讲座，其主题涉及文学、哲学、物理、数学、人文等多个领域。

杭州二中还与英国、德国、法国、意大利、澳大利亚、加拿大、西班牙、新加坡等地的学校保持着相互定期往来、交流的友好关系。

杭州二中还为学生拟定60本必读书目，涉及文学、艺术、哲学、经济、历史、科普等多个类别。其中中文图书50本，英文原版10本，旨在提倡一种纯粹的、发乎于心的阅读。

各种舞台的搭建，极大地开阔了杭州二中学生们的视野。为学生的终身发展奠基，成为杭州二中的自觉追求。

在杭州二中，学生们喜欢称叶翠微为"叶大"。"没有什么缘由，就是觉得这么叫亲切。"赵千帆说。这个小伙子一开口便浮现满脸灿烂的笑容，他和同学们都喜欢模仿叶翠微的湖北口音——"杭州饿中"。高考杭州理科最高分得主、在清华大学建筑系刚念完大一的朱胤多说："高中生活，我印象最深的是各种社团活动。我高二时是话剧社的社长，在话剧社，每一次编、导、演的经历都让我对戏剧表演和活动组织有更深的理解和自信。叶大常来看我们的表演，对学生活动一直很支持，看完会和我们聊他的理解。正是这样的支持给了我们一次又一次尝试的机会和信心。到了大学之后，我觉得进入各类社团和社工领域毫不费力。叶大真的是用办大学的抱负在经营一所高中。每学期开学典礼上叶大的讲话，我未必能全数回忆起来，但每一次都是视野高远，推着我们从更宏大的角度看待这个时代。"

叶翠微说："办一所中学里的'大学'，起初是我在杭州二中的自觉追求，不过现在，这种追求变成了新高考改革的要求。"高考作为高中学校最厉害的评价机制，会成为高中改革的风向标。叶翠微为此感到很欣慰，与大学接轨为一生奠基，如果只是某一类"不怕死"的校长的自发追求，终究不能撼动举国上下的应试行为，而一旦成为高考的要求，所有的高中学校都不得不跟着行动了。

多年来，国内知名高校普遍反馈，杭州二中的学生基础扎实、思维活跃、学习能力强、表现突出；综合素质全面，校园活动中表现活跃；学生具有较高的自我管理水平和自我发展规划能力，视野开阔、个性饱满、多元成长，极具潜质。

（红袖子整理）

## 湘湖未来学校：行走中的理想学园

面对 ChatGPT 等新技术带来的教育数字化转型的新挑战，"双减""双新"带来的教育管理新要求，在学校办学活力得到前所未有激发的当下，学校管理者仍需对学校的未来发展路径进行细致思考与全面谋划。叶翠微校长以浙江省杭州市湘湖未来学校为例，从教育的本质出发，以机制创新为抓手，围绕现代学校治理体系建设这一核心议题，讲述了浙江省杭州市湘湖未来学校对理想教育的探索与实践。

### 理解教育本质："种桃种李种春风"

为学生的美好未来创设路径是教育工作者的使命所在。在杭州二中任校长的 17 年间，我数次到过湘湖，感叹湘湖的水里荡漾着 8000 年独木舟的历史，回响着贺知章"少小离家老大回"的诗句，更承载着陶行知先生扎根乡村教育的足迹。因此，在湘湖未来学校创校之初，我便决定将学校安置在这片自然山水中，让教育回归自然与本真。湘湖未来学校的校门由"三人"组成一个大写的人，反映的正是我们提出的要育一个大写的"人"——追求"人的完整与完整的人、人的幸福与幸福的人、人的未来与未来的人"的教育诉求。

我们认为，学校在育人过程中要回应两个重要关切：一是回应大师之问，二是呼应大国之治。想要回答这些问题、做好教育这件事，我们认为学校应以人为本，回到教育的原点，让学校相对自主、学生相对自由、家长相对自信。大国之治最需要能够实现从0到1的拔尖创新人才，而要实现从0到1，就必须保护孩子的童趣、创造力、好奇心，不过多、过早地用功利主义教育把童真异化。同时，还需要注重加强对学生的爱国情怀教育。胸怀天下的人才应首先将祖国装在心中，有为民族、为中华崛起而奋斗的雄心壮志。

我们提出的办学理念是"人皆有才，人人成才，让每个生命出彩"。"人皆有才"讲究有教无类，起点公平；"人人成才"讲究因材施教，过程公平；"让每个生命出彩"讲究各得其所，结果公平。好的教育能够赋予学生无限可能，这是一种生命的生长，更是一种精神的成长。我们希望从这里毕业的学生，都能洋溢着"中国心、民族魂、世界眼、未来脑、国际范"的生命风采。教育可以是张择端的《清明上河图》，车水马龙、丰富热烈；更应是黄公望的《富春山居图》，山峦叠起、生机盎然。

### 创新办学机制：创造奔向未来的教育

湘湖未来学校创校以来，虽遇到很多坎坷，但也有机制上的突破。

#### 1. 创新选人机制：以"六菜一汤"会聚未来教师

我们在选人机制上首创"六菜一汤"模式：在湘湖偌大的天地间，与你"一起做美食"，对美食世界有感悟的人，恰恰是对美的世界有体悟的人；与你"一起登山"，登山者从来都不是为了征服自然而登山顶，而是通过攀登来征服自我；与你"一起品书"，你现在的气质里，藏着你走过的路、读过的书和爱过的人；与你"一起做游戏"，学生爱上学校，往往是从教师身上的童心开始的；与你"一起观看演出"，艺术给我们插上翅膀，把我们带到很远很远的地方；与你"一起畅想未来"，教育的未来，正是由教师的情怀、愿景与梦想共筑而成的。"六菜一汤"模式蕴含着我们对未来教师的理解，吸引了海内外一大批同仁的加盟。来自五湖四海的追梦人，造就了学校多元、开放、包容、互鉴的校园文化。在这群人里，我们欣喜地看到了未来教师的模样——教师不再是单纯的知识传授者,更是学生的指导者和陪伴者。

**2. 优化决策机制:让专业的人做适合的事**

学校的组织架构很简单,包括小学部、初中部和行政服务中心。因此,决策顺畅而简单,学部的事情学部商议,全校性的事情由两部一中心的负责人共同商议。扁平化的组织架构可让信息传递速度快、失真少,便于校长了解教师情况,快速决策、解决较复杂的问题。以此为基础,学校实行项目化管理策略,奉行"专业上的事情,要交给专业的人来做"的基本原则。"专家""行家"在实施项目时可调动全校资源,如毕业于浙江大学的医学博士童老师在2021年寒假时,基于"问题解决和社会实际的主动研究"这一主题,带领全体初中部学生开展了涉及语文、数学、英语、科学四个学科的"2021年全国新冠病毒感染统计微调查",学生收获颇丰,成果展示环节令人惊艳。

我们信任教师与学生,给予他们充分的自主性,当教师和学生充满激情地学习时,成长与进步自然而然地发生了。学校的"专家们"时常会根据社会时事、校园新闻等,不断挖掘问题、创设项目,这有效地提升了学生发现问题、探究问题与解决问题的能力,让学生体验到学习的快乐。如此鲜活的学习方式,与"双减"精神相契合,真正体现了学以致用。

**3. 善用激励机制:以尊重促发展**

灵活的激励机制是民办学校的重要发展优势。我们在教师职业发展领域进行了一些创新实践,改变教师激励制度,不以"职称""教龄"论英雄。我们以教师对教学能力的掌握为基础,鼓励教师创新教育教学,对教师实行恰当的培训、评估和激励;同时,积极赋能"有干劲、有冲劲、有梦想"的教师,为他们提供多样化的平台,为其职业发展开拓新的赛道。

毕业于伦敦大学的硕士蒋老师对课程研发有着浓厚的兴趣,我们便充分地信任与放权,让她主导学校小学部课后服务课程的总设计及小学部学生评价体系的模型搭建,她出色地完成了工作。目前,小学部课后服务的课程已达100多门,每个学生的选修课都不一样,真正做到了"一生一课表"。体育教研组长郭老师率领体育组，设计了贯通小学、初中九年的体育课程，并依托湘湖这个天然运动场，打造了"湘湖四季体育特色课程"。

### 4. 建立开放机制：优化资源开门办学

引导学生健康成长，仅靠学校的力量是不够的，学校还应充分利用好家庭、社区等资源，推进家校社合作共育，形成合力，共同对学生的教育和发展产生叠加的正向影响。学校要打开大门，创造机会，让学生迎接多姿多彩的大千世界，为他们注入丰富鲜活的成长活力。湘湖未来学校新校区自2022年9月启用，不足一年的时间里，已经陆续接待天南地北300多批次的客人。各行各业的翘楚带来了方方面面的信息源、人才源、学术源、技术源，为学校发展注入了无限动力。

学校始终坚持向家长开放，我们亲切地称呼家长为"新校友"。学校每学期都有家长开放日、家长课堂，让家长了解学校、学生，与学校建立最强同盟体。家长通过学校的数字化平台，不仅可以客观地了解学生在校学习生活情况，还能与教师及时反馈与沟通。学校开放家长志愿者工作，让家长参与到学校日常管理中，更好地理解学校的教育意图。当家庭和学校达成融洽的合作关系时，学生会更喜欢学校，学习也会更好。教师和家长之间如果建立了良好的关系，也更能帮助学生解决他们在各年龄段遇到的各种生活与学习问题。

### 5. 探索数字化机制：让数据服务教育

未来，教育一定是个性化的。借助网络、数据等新技术，学校层面的因材施教将更好地实现。"城市大脑"的诞生引领杭州这座城市走向了数字治理现代化。基于这样的思路，我们也将"城市大脑"理念引入学校，着手推进"教育大脑"的开发。学校从建校之初，就将信息化建设放在了重中之重的位置。

在学生层面，我们基于学生在校园学习生活的各种记录，为学生进行素养画像。以学生的借阅量为例，通过定量分析，我们可以了解到学生借阅量的学校排名、所借图书的主要类型、学生的阅读兴趣点等。这些数据经过集中分析，就可以形成生动、可信的学生阅读习惯与素养画像。此外，通过对课堂练习、课后测验等数据的分析，我们可以完成对学生学业成绩的精细化指导。如果学生某个题型的得分率稳定在 95 分以上，那么就要把更多精力放在其他知识点，不再反复操练。

在教师层面，我们借助班级常态录播系统，让每堂课都成为"开放课"。"课在空中飞"让教师可以反复琢磨自己的教学过程，不仅反思教学内容，更从教学关系的处理、教学仪态的展示、教学语言的打磨、教学细节的拿捏等多维角度审视一堂课的形成，使教学研究有的放矢。

### 践行教育追求：这是一场教育的真实演出

陶行知先生讲教育："千教万教，教人求真；千学万学，学做真人。"先生所诠释的教育的魂是什么？那就是"真"。湘湖未来学校正门厅楹联写着"知者行则用之""莫轻侬童子六七人"。这代表着湘湖人对教育的态度。一个人如果对教育变革满怀激情，就能让一个学生、一个班级、一个年级，甚至一所学校发生改变。我们能否从充满功利的、狭隘的、琐碎的教育中走出，让学生成为一个大写的"人"，实现由真到善、由善到美的发展？这是湘湖未来学校校长、教师常常思考的事。我们希望学生能够"向美而行，唯美而行"。

学校尽全力为学生的全面发展提供广阔舞台。学生的个人书画展在校园里轮流展出，"校园运动吉尼斯纪录"正在一个个被刷新，"校园歌手"争先恐后登台亮嗓，"未来演说家"站在镁光灯下分外闪耀，勇敢向上的"攀岩者"已经登顶……学校为学生留足了发展空间，助力他们成为最好的自己。与此同时，我们还打造了机械中心、交通中心、建筑中心、少年驾校等学习空间，并配套相应课程。"玩在未来"的每个学生都在各种各样的课程中寻找着自己的天赋所长和发展可能。我们承诺过的开设 1000 门选修课，不是梦！

教育是充满理性追寻和诗性情怀的生命传递。这份传递是现实主义与理想主义的彼此关照。梁启超先生在《教育家的自家田地》一文中这样写道："无论做何种职业的人，都各各有他的自家田地。但要问哪一块田地最广最大最丰富，我想再没有能比得上教育家的了。教育家日日做的、终身做的不外两件事，一是学，二是诲人。学是自利，诲人是利他。人生活动目的，除却自利利他两项外更有何事？"我想，我和我的团队都是愿意住在这个"教育快活林"里的人，我们会一直为梦想而努力，一直为理想的教育而努力。

（原文标题："向美而行"：在理性追寻与诗性情怀中创造未来学校。叶翠微，载《中国基础教育》2023年第6期）

/ 管理实践对话 /

# 叶翠微：办一所名校，成一片森林，树一面旗帜

"让会飞的学生飞起来，能飞的学生飞得更高。"这是叶翠微始终倡导的一种教育理念。在他的心中，学校是一个好玩的地方，校园里应该始终充满着一种浪漫的理想主义情怀和自由的气息。湘湖未来学校，成为叶翠微延续他教育梦想的舞台。

**问**：2020年9月9日，在闻堰教育综合改革试验区启动仪式上，您提出让"办一所名校，成一片森林，树一面旗帜"与跨湖桥、独木舟一起成为湘湖的盛景。今天回头看，您的愿景是否正在实现？

**叶翠微**：我心中的这幅盛景，要从几年前的故事说起。2015年，当时我在杭州二中已经摸爬滚打了15年，有一天突然萌生一个想法，要为自己的"第二春"，也就是退休以后的职业生涯找一个挑战性平台。我走了杭州几个地方，最爱的是湘湖。湘湖之畔有两个标志性的图腾让我难以忘怀，一是三江汇流、钱塘潮涌，二是陶行知先生的湘湖师范。

萧山在中国的改革大潮里独领风骚，曾一骑绝尘，那是骨子里的果敢。钱塘潮水，勇立潮头创辉煌，唤醒了我一个湖北汉子的内在血性。

湘湖师范是陶行知先生创办的第二所乡村师范学校。陶行知先生和湘湖师范带来的不仅仅是一种教育，更重要的是播下了文明的种子。这样一位学成归来、风度翩翩的青年才俊，没有眷恋大城市，没有眷恋高位，在中国积弱积贫时期，选择走乡村教育之路。这种文化的根性，既是陶行知先生自己的，更是中华民族的。所以，我每每想到湘湖师范，都油然而生崇敬之情。

这两个图腾，紧紧拽住了我的心。2017年退休后，我拒绝了全国很多地方的盛邀，这些邀请来自北京、上海、深圳，甚至是香港。我选择了海亮，

出任湘湖未来学校校长,被聘为萧山区教育顾问。

我走进海亮,我愿把我对教育的思考带进来,更期待用高位的办学行为行动展现出来。因此,我提出,在湘湖办一所学校。很荣幸得到萧山区委区政府和海亮集团创始人冯海良先生的大力支持,湘湖未来学校最终落地湘湖。办学地点与湘湖师范隔空相望,不足一里。守望着我自己的精神圣殿、心中灯塔,岂不乐哉!

这两年多来,在推进湘湖未来学校建设的过程中,我始终将湘湖未来学校的办学使命定位在"为党育人,为国育才,为孩子谋幸福",要为孩子、为社会、为未来形成一种共建的、向上的、积极的校园精神,使学校既充满浪漫的人文情怀,又肩负起培养新时代建设者的重任。

事实证明,我"办一所名校,成一片森林,树一面旗帜"的目标越来越清晰。办这所学校的初心,从本质上讲就是一个老校长,俯下身子,躬身拾穗,把自己曾经在路上丢失的精神贝壳重拾起来。干教育,一定要回归到教育的本质,从人出发,让孩子在自由的天空下慢慢长大。

**问:** 请您具体谈一谈湘湖未来学校的办学理念和学校样态。

**叶翠微:** 我们的办学理念非常浪漫,具象地讲,叫作"少年派,致未来"。

一个校长,一个办教育的人,能够面对一群少年,是上苍的眷顾。我们要像珍惜自己的生命,像鸟儿爱惜自己的羽毛一样善待孩子,也就是儿童本位。致未来就是一定要做好的教育,让人面向未来。"少年派,致未来",就是要在儿童本位、生命本位、成长本位的层面,让孩子有未来、有明天、有希望。

"少年派,致未来"比较宏观,往小里说,我们的办学追求是"育大写的'人'"。具体就是,追求人的完整与完整的人、人的幸福与幸福的人、人的未来与未来的人。好的教育应该是"五育并举",让人完整。好的教育是追求人的幸福,而不仅仅是人的成功。好的教育,一定要面向未来,让人能拥抱未来。未来有两样东西撬动着我们的生活版图:一是日新月异的科技,使我们不得不快步走，不得不拥抱越来越精彩的世界；二是时代发展的不确定性。世界正经历百年未有之大变局，人们从工业文明的学习走向后工业文明的学习。后工业文明的学习，很大程度上是人的健康、人的心性、人的创造、人的合作、人的分享，这些要素最终使我们成为一个真正大写的"人"。

湘湖未来学校的办学理念是"人皆有才，人人成才，让每个生命出彩"。"人皆有才"讲究有教无类，起点公平；"人人成才"讲究因材施教，过程公平；"让每个生命出彩"讲究各得其所，结果公平。有教无类、因材施教、各得其所，这是教育三个永恒的话题。教育还要追求三个公平：起点公平、过程公平、结果公平。通过这样的办学追求，最终形成闭环。这是一个宏大的理想，朝这个宏大的理想，哪怕是迈出一小步，对教育发展来说也许就是一大步。

基于这样一种办学理念，湘湖未来学校应该有什么样态呢？

第一个样态，是一群追梦人同唱一首歌。家长是追梦人，学生是追梦人，老师是追梦人，校长是追梦人，我们同唱一首歌。这首歌是孩子，是孩子的成长、幸福与未来。

第二个样态，是一个教育玩家的乌托邦。我总喜欢把自己称作一个教育"玩"家，当然不是一般的"玩"，是发乎心性、慧根和格局。我认为，教育可以超然一点、随性一点，但其中又当有一份更大的理性和真诚。

第三个样态，是一场教育的真实出演。现代教育取得了很大成就，但是有一个我们不得不正视的现象，就是一个字——"假"，令人匪夷所思。

陶行知先生讲教育："千教万教，教人求真；千学万学，学做真人。"先生所诠释的教育的魂就是"真"。叶圣陶先生也是这样认为的。叶先生在1983年元旦写了一篇文章，叫《作文与做人》。他讲得很有意思，一个孩子作文写得洋洋洒洒，可以得高分。但是这个孩子在公交车上，看到一个老太太站在他面前，却视而不见。在叶圣陶眼里，这个孩子不应该得高分，因为他的人格没有完整构建。苏联著名教育家苏霍姆林斯基，在当时的制度文化下，也特别反感虚假，主张要讲真话。

这些大师的所思、所想、所为，启迪着我们，要从充满着功利、狭隘、琐碎的教育中走出，让孩子成为一个大写的"人"，由真到善，由善到美，这是湘湖未来学校要做的事。

总结起来，"少年派，致未来"，就是要有一份浪漫色彩，追求育一个大写的"人"。在这个过程中，我们在乎的是追梦，在乎的是教育的乌托邦，在乎的是教育的真实出演。

**问：** 听说湘湖未来学校将设置1000门以上的兴趣课，给学生充分的自由空间。在课程方面，湘湖未来学校的特色之处是什么？

**叶翠微：** 人之为人，是因为人与人是不同的，各有各的精彩。给孩子们的课程也要因材施教。基于此，湘湖未来学校提出开设1000门选修课，这是一种教育的浪漫情怀，更是我们要奋斗的目标。

湘湖未来学校开设选修课的前提是，坚守对国家核心课程的高水平实施，在此基础上形成学生学习的丰富样态。在湘湖未来学校，针对国家必修课程，主要抓住三点：第一是核心素养，第二是学科思维，第三是跨学科融合。

湘湖未来学校校本课程将构建"211"课程体系。所谓"211"课程体系，就是从小学一年级到初三，湘湖未来学校要求学生必做100件事。比如，在春天小草发芽的时候，赤着脚在草地上行走，闻闻青草带着春天露水的味道。再如，教师节当天，举办"大手握小手"活动，让学生当一天"小先生"，高年级同学给低年级同学当老师，全校只留几位老师进行常态化的安全管理。

然后是完成100个实验。让学生了解人类是如何诞生，如何一步一步走到今天的。那些改变人类命运的科学发现，要让学生亲自去实验、去验证。比如光合作用实验，人类因为发现了光合作用原理，才从农耕文明的田间劳作走向大规模工业化栽种，从而改变人类命运。

针对高年级同学，还有必做的11个跨学科项目学习。比如，研究一个城市的交通堵点在哪里、痛点在哪里。这可以唤醒孩子，通过跨学科项目学习解决现实生活中的问题。

这些课程不是空中楼阁，湘湖未来学校有一个高位的学习平台来支撑"211"课程。我们设置了少年工程院，其中有建筑中心、交通中心、家政中心、STEM 中心。我们还有少年商学院、少年博物院、少年梦剧场、少年书画院等。

**问：** 从管理角度来说，湘湖未来学校的运营理念是什么？

**叶翠微：** 总结起来是两点，第一是有爱，第二是用心。

有爱就是每一个管理者，从门卫到老师，再到其他教辅人员，一定要坚持学生第一，一定要坚持用爱呵护孩子的成长。因为爱是教育的本质，没有爱就没有教育。

用心就是所有涉及学生成长和生活的点点滴滴，都要放在心头。比如学生吃得怎么样。湘湖未来学校的一个极大亮点，就是由杭州 G20 峰会食材主要供应商海亮明康汇提供鲜材配送，学校膳食质量得到最大限度的保证。我们把食堂作为生活的课堂，通过这个特殊的课堂，培养孩子们的仪式感，设置生日宴、校长"助力趴"，让孩子有机会和校长零距离接触，拉拉家常，给孩子一份难忘的生命体验。我们把食堂变成课堂，很重要的一点，是让孩子有高位的生活习得，让孩子做一个有尊严、有规矩、懂体面的人，毕竟举手投足之间，甚至拿筷子吃饭的礼仪，也是一种修养。

湘湖未来学校的教育服务还有很多，学生特长、兴趣将得到延伸，如游泳、击剑、钢琴、写字、唱歌等，学校都会提供相应的学习平台。

**问：** 随着我国"新基建"的推进，大数据应用走进各行各业，其中也包括教育。在湘湖未来学校，目前或将来有哪些数据赋能教育的场景落地？

**叶翠微：** 讲到这个话题，我作为一个老校长有一份反思。我在杭州二中17 年，有时候想，如果从上任第一天开始，把主要活动和工作的数据沉淀，17 年以后进行数据的分析、优化、优选，最终形成数据资产，这对学校办学会是巨大的贡献。但遗憾的是，我当时没有这样的意识。

想象一下，一万多名学生，每一个学生都有自己的画像，放到云平台上，经过合理算法的处理。当家长带着孩子来学校问我，孩子往哪个方向发展更好时，我给出的建议，不仅仅是基于经验，更是建立在科学数据分析的基础上。这是多美妙的一件事。

如今，杭州基于互联网诞生了"城市大脑"，我们又由"城市大脑"延伸出"教育大脑"。未来教育一定是个性化的，甚至会私人定制，一人一表，而通过数据赋能，因材施教完全是可能的。

最重要的是，在湘湖未来学校，我们将通过"教育大脑"，给孩子、老师、家长、校长以及年级、班级、教研组等不同的个人和群体画画像，帮助我们始终保持一份职业的敏锐。依照数据积淀，对自己有一个冷静的审视，同时也可以有一种同伴的分享。

我们会基于孩子的学养做画像，可以看到孩子借了多少本书，阅读的时间是多长，有没有做读书笔记。把这些数据集中起来，沉淀以后，会形成生动、可信的孩子画像。比如，评价某个孩子读书习惯不错，这是定性描述。有了画像，可以定量分析，知道他的借阅量在学校的排名，所借图书是以文史哲为主还是以理科为主，知道他的兴趣点在哪里。

通过数据，我们还可以进行基于学生学业成绩的精细化指导，比如学生某个题型得分稳定在 95 分以上，那么就可以指导学生把更多精力放在其他知识点上，不需要反复操练。

当然，我们会充分尊重学生的隐私，对数据管理设定严格权限。只在不涉及学生的情感因素、隐私因素的情况下，对学生家长一对一公开数据。

**问：** 家校协同教育提出已久，但仍然存在诸多现实问题。在家校协同方面，湘湖未来学校怎么做？

**叶翠微：** 湘湖未来学校不仅仅是一所学校，更是一个学习中心。我们鼓励学生、家长、老师在不同方向、不同层次上共同学习，从而能够共振、共享、共情。我们的学习中心将通过开放式学习样式，组建学习综合体，形成家校系统新范式。我们有一个基本的思考，家校协同一定要立足自我成长，着眼孩子高位的个性和持续的发展，最终给孩子的人生打下扎实的底子。

学校和家长虽然各有分工，彼此承担不同的责任，但目的是一致的，是为了孩子的成长。湘湖未来学校通过家校共育课程为家长服务，学校将家庭教育和学校教育合二为一。

首先，在育人问题上，学校会分享专业知识，让家长充分共享资源，提高家长对孩子的专业化指导能力。同时，针对每个孩子的不同情况，请家长为老师提供个性化的教育经验。

其次，提供教育技能，基于真实问题情景，使家长有解决问题的能力。比如，学生痴迷电脑游戏、手机不离身，家长怎样做到热问题冷处理，怎样与孩子对话，怎样审视孩子肢体微妙的变化。要让家长学会共情，唤醒家长对孩子的理解和尊重。教育孩子，是双方共同经历的生命体验，是共同学习、共同成长、共同建构的过程。在这个问题上，家长亦学生，学生亦家长，双方是平等的。

总而言之，家长也好，老师也好，学生也好，我们都是追梦人，湘湖未来学校将通过课程化的考级制，形成长效学习的教育联盟，彼此守望。

**问：**湘湖未来学校是一所九年一贯制学校，从小学到初中，涵盖了学生重要的成长历程。学生从湘湖未来学校毕业，您希望培养出怎样的人？

**叶翠微：**我在前面提到湘湖未来学校要培养一个大写的"人"，这是一种生命的本真，大写的"人"是完整的人、幸福的人、未来的人。

育人过程中我们要回应两个问题：一是回应大师之问，就是"钱学森之问"——"为什么我们的学校总是培养不出杰出人才？"中国的一流人才能否万丈高楼平地起？湘湖未来学校想要做好这件事。不能说我们所有思考都是对的，但是我们认为，应该以人为本，回到教育的原点，让教育在相对自主、学生相对自由、家长相对自信的状态中，慢慢地朝这个方向走。

二是大国之治。大国之治最需要的是两类人才：一类是能够实现从0到1的原创性人才。现在的教育解决了从1到100的问题。而要实现从0到1，需要我们保护好孩子的童趣、创造力、好奇心，不过多过早地用功利主义教育把童真异化。另一类是胸怀天下的人才，为民族、为中华崛起怀有雄心壮志。现在的孩子很多被亚文化大大异化了，这不是时代主流。中国要真正实现从人口大国到人口强国，就需要有各行各业杰出的人才。

湘湖未来学校追求的是，让孩子的无限可能成为可能，给孩子留下一份空间，让他们能够更自主、更高位、更强大地成长。对于学习成绩优异、学习习惯良好、身体健康、志向远大的学生，可以不布置作业，不参加考试，给孩子更多自主时间。

**问**：在民办教育污名化的当下，湘湖未来学校可以说给大家带来了全新的视角和认知，作为创办者，您是怎么在公办民办间走出一条创新之路的？

**叶翠微**：我的观点是，"找到高级灰，寻找第三道"。机缘巧合，萧山闻堰教育综合改革试验区的成立，给了公办民办协同的可能性，而湘湖的人文特色，契合了我"得山得水得人文、把学校办在大地上"的校园乌托邦理想。天时地利与人和，成就了这所学校"种桃种李种春风""让成长自洽在春风里"的愿景。

今天，一个教育者，一定要明教育之"势"、知教育之"是"，才能成教育之"事"。当下，人工智能或使中国教育的优势荡然无存，如果我们不敬畏规律，不顺应自洽时代的来临，我们的教育，我们的学校，就没有好的出路。

（雷　玲）

/ 管理特色 /

# "二中法则"和"少年派，致未来"

### "二中法则"

杭州二中有一个著名的"二中法则"，即：A 大于 B，B 大于 C。A 是健康，B 是德行，C 是成绩。基于这个逻辑，叶翠微在杭州二中强调的是三个"一等"：一等的体魄，一等的德行，一等的学术。关于学生的成长路径，杭州二中也有三句话：卓越的二中人，杰出的中国人，优秀的世界人。

### "少年派，致未来"

"少年派，致未来"，这是每位湘湖未来学校老师心中所愿。带着一份教育的浪漫色彩。学校还将这份浪漫赋予到了湘湖未来学校的 logo 上。

海亮蓝：透亮、纯净、知性、善良、正派；

湘湖绿：萌芽、生机、昂扬、温和、优雅；

未来橙：阳光、梦想、活力、热情、欢乐。

这些色彩也延伸到学校的环境装饰、校服设计中，让孩子们每天被五彩的颜色拥抱，被五彩的课程吸引，被五彩的生活围绕。

（红袖子整理）

# 新掌门校长刘雪梅和北京市陈经纶中学教育集团

**刘雪梅**

北京市陈经纶中学教育集团校长。正高级教师。历任北京市陈经纶中学帝景分校校长、北京市陈经纶中学劲松分校校长。获北京市先进工作者、首都劳动奖章等荣誉称号。

102岁的北京市陈经纶中学教育集团，如今已是25个校址的"经纶号"巨轮。当内心笃定的刘雪梅，从张德庆校长手中接过接力棒，就义无反顾地肩扛起"百年经纶如何永葆青春活力、百年经纶怎样创新发展、百年经纶能否再铸辉煌"的时代重任。

无论是哪一届的学生，还是哪一年来的老师，每一个人最受感染的是那传承百年又不断繁衍的经纶文化。不断精益求精，从"老实、宜强"到"勤奋做事、创新发展"，再到"以校为本、以师为本、以生为本"的学校管理文化、师生共同发展的课程文化、科学育人的"三施教文化"、个性发展的学生文化以及氛围和谐的环境文化，这所学校的思想内涵不断深化，也不断向社会证明——她在育人。

如今，这位新掌门人在国家奔向2035年建成教育强国的进程中，心存美好，脚步铿锵，与数万名经纶人一起加油、努力，为经纶教育的明天交出一张更加精彩的答卷。

/ 印象刘雪梅 /

# 稳、准、快！雪梅式经纶烙印

从体育老师，到历史老师，考第二学历，读研，转行，刘雪梅走过了五年的艰苦读书路；从北京市陈经纶中学帝景分校副校长，到北京市陈经纶中学教育集团校长，刘雪梅在13年教育人生的"黄金时代"，一路铿锵前行。

"誓将落实进行到底"——这是刘雪梅在北京市陈经纶中学帝景分校当校长时，对管理团队提出的一个行为准则，"我要求干部，必须有实事求是之心，无哗众取宠之意"。

从接帝景分校的最初考验、接劲松分校的艰苦磨砺、接北京市陈经纶中学教育集团的巨大考验，到帝景分校的腾飞、劲松分校的崛起、北京市陈经纶中学教育集团的高质量全面建设，外表优雅的刘雪梅，爆发出体育人的精神本色——有韧劲、有狠劲、有拼劲。作为一个非"土生土长"的经纶人，刘雪梅在陈经纶这艘包容性极强的巨轮上，接棒"船长"张德庆，蹚出了一条"稳、准、快"的精致教育新经纶之路。

工作中的她，敢想敢为。因为她坚信，只要付出足够努力，一切皆有可能。对每一项工作，她都不敢懈怠，尽心尽力，追求尽善尽美。就像曾经在田径场上的她，永远保持着对胜利的渴望。同时，她始终保持着一颗谦卑的心，自觉才气与底蕴是"短板"的她，多年来坚持学习，把读书当作人生最大的爱好，时刻以开放的心态向名校、名家学习，向同行、同事学习。

2023年春季开学前，在传承陈经纶中学每年给集团全体干部的校本培训会上，接棒三年的刘雪梅在动员讲话《心怀美好，脚步铿锵》中，再次强调："出手必出色、完成必完美"要成为经纶人的工作目标，"每一个步骤都要精心、每一个环节都要精细、每一项工作都做成精品"要成为经纶人的工作标准。

  至 2023 年已 102 岁的陈经纶中学教育集团，已是一艘拥有 25 个校区、27000 多名师生的"经纶号"巨轮。内心笃定的刘雪梅，肩扛"百年经纶如何永葆青春活力、百年经纶怎样创新发展、百年经纶能否再铸辉煌"的时代重任，心存美好，脚步铿锵，与数万名经纶人一起加油、努力，为经纶教育的明天交出一张更加精彩的答卷。

（雷　玲）

> **校长语录**
>
> - 如何打造学校文化？学校文化建设不是一蹴而就的，而是通过长期地、精心地着力经营和谐的自然环境，体现学校历史传统与发展方向，打造学校核心价值观，构建促进学校发展的管理文化等方式来实现。学校文化是一种固态的沉淀，是师生稳如磐石的精神根基，是一种环境，是一种氛围，是一种体验，更是一种精神。
>
> - 精致教育，包括八个"精"，即学校定位的精准、管理的精细、队伍的精良、课程的精巧、教学实践的精琢、育人活动的精心、人际关系的精诚、校园环境的精美。落实到位的方法是，每一个步骤都要精心，每一个环节都要精细，每一项工作都要做成精品，这就是精致文化，所有工作都沿着精致去做。
>
> - 让学校成为幸福的家园，让教师享受教育的幸福，让学生体验幸福的教育，让家长拥有养育的幸福。
>
> - 通过管理，把人管得热血沸腾，把事管得有条不紊，把物管得井井有条，提高干部的领导力是关键。
>
> - 校长的工作核心、校长的主要服务对象一定是教师，校长的管理重心一定是在"成人"中"成事"。

- 凡事认真负责绝无借口，凡事立即行动绝不拖拉，凡事积极主动全力以赴，凡事有礼有节严格要求，凡事团队第一众志成城。
- 在管理的过程中，既要见树木，更要见森林。
- 在抓质量的征程中，要大力发扬钉钉子的精神，脚踏实地，保持钉钉子的准劲、韧劲、狠劲、巧劲，埋下头一锤接着一锤地敲，把每一颗钉子钉实、钉牢。钉完一颗再钉一颗，不断钉下去，必然大有成效。
- 管理要管人，要管事，要管物。我们要把人管得热血沸腾，要全面调动我们的学生、老师和家长。一个特色鲜明的活动，一次推心置腹的沟通，一次振奋人心的讲话，一个润物无声的细节，一句恰到好处的激励用语，甚至是一个直击心灵的眼神，一个顺其自然的动作，有时候对于我们的老师、对于我们的孩子都是非常重要的。所以，我们要想方设法把人管好，调动他的积极性，让他能够心甘情愿地跟着你走，信心百倍地去努力实现我们的目标。
- 将落实进行到底，"开会＋不落实＝零；布置工作＋不检查＝零；抓住不落实的事＋追究不落实的人＝落实"。
- 调动一切可以调动的力量，用好一切可以利用的资源，激发一切可以激发的活力。

/ 印象陈经纶中学 /

# 精益求精，百年"经纶号"注入新活力

转眼又近十年。2023年再写坐落在首都繁华地段的北京市陈经纶中学，她已经102岁了。

从"朝外两间半平房"走出的北京市陈经纶中学，是102岁的北京市陈经纶中学教育集团之源。八年前走进这所学校时，她还是"一校十址"，如今，她"长大"了。

无论时光怎样流转，穿着白色校服的学生，仍如当年那样，时不时三五成群经过，给这座静静的校园添了许多生气；无论陈经纶中学多少岁，这里永远是属于他们的青春校园。花丛中、竹林边，仍然点缀着现代的艺术雕塑，楼道里、教室中仍然是学生们充满思想的作品，只是学生的名字变了。

历史总是忠实地记录着，这所学校四易其名：始建于1921年的崇贞学园，后更名为北平女子四中；中华人民共和国成立后，易名为北京市第四女子中学；1954年北京市政府定之为重点中学；1976年易名为朝阳中学；1991年因香港企业家陈经纶先生捐资改建，市政府遂改其名为北京市陈经纶中学。

这些年来，她一直保持原来的模样：古朴的园林式校园，现代化、信息化的教学环境，前沿、丰富的基础教育课程，优秀的师资和极高的办学质量。

这所年过百岁、厚重而不张扬的老校，成为这闹市中的一片绿洲，宁静、惬意、内敛、高贵。园林化的校园、别墅式的教学楼，给进来的人一种"结庐在人境，而无车马喧"的安逸，与那些坐落于郊区、有着超大场地的学校风格迥异。走进校园，映入眼帘的是"老实、宜强、勤奋、创新"八字鎏金校训，它诉说着"老实做人、勤奋做事、自强不息、创新发展"的经纶历程。

无论是哪一届的学生，还是哪一年来的老师，每一个人最受感染的是那传承百年又不断繁衍的经纶文化。不断精益求精，从"老实、宜强"到"勤奋做事、创新发展"，再到"以校为本、以师为本、以生为本"的学校管理文化、师生共同发展的课程文化、科学育人的"三施教文化"、个性发展的学生文化以及氛围和谐的环境文化，这所学校的思想内涵不断深化，也不断向社会证明——她在育人。

光阴荏苒，春天是青色的，夏天是绿色的，秋天是黄色的，冬天是白色的——一年四季，不断成长的陈经纶中学，呈现出不同色彩和芳香气息的新活力。同时，在积淀了百年、深厚的文化底蕴中，呈现着丰富多彩、历久弥新的育人魅力。

（雷　玲）

> **校园文化**
>
> 　　北京市陈经纶中学，始建于1921年，初为日本友人清水安三先生为失学女童创办的一所半工半读式女子学校，是北京市朝阳区唯一一所具有百年发展历史的学校。经历了崇贞学园、女四中、朝阳中学、陈经纶中学四个历史时期。1991年由香港爱国商人陈经纶先生投资改建，更名为北京市陈经纶中学。自2002年陈经纶中学被评为北京市首批示范性高中以来，拓展以集团建设"五化"的发展之路，目前已拥有11个分校25个校址，成为朝阳区规模最大的十二年一贯制学校。
>
> ◎ **办学目标**
>
> 　　办学个性化、施教科学化、校园数字化、学习国际化、规模集团化。

- 办学理念

  建设个性化学校、成就个性化教师、培养个性化学生。

- 育人目标

  带着健康的王冠，睁着理性的双眼，挺起自信的胸膛，装上知识的马达，插上科技和艺术的翅膀，扬起理想的风帆，翱翔出陈经纶中学，成为国家的英才和栋梁。

- 集团标准

  "一个学校、一个标准、一体管理、一体打造"的集团化办学。

- 经纶校训

  老实、宜强、勤奋、创新。

- 经纶精神

  在"老实做人、勤奋做事、自强不息、创新发展"基础上，发展为"埋头苦干的奉献精神、铁板钉钉的实干精神、兢兢业业的钻研精神、久久为功的坚守精神、攻坚克难的担当精神、永不言败的亮剑精神、敢为人先的创新精神、勇攀高峰的拼搏精神"。

/ 管理智慧解读 /

# 面向未来的"精致教育"新生态

北京市陈经纶中学新掌门人刘雪梅，一直崇尚"只问耕耘，不问收获"的状态，无论做教育还是做人。然而，正如她自己的感受："生命总是在不经意之间迎来新的机遇、新的挑战。"

2020年6月19日，按照上级的部署安排，北京市陈经纶中学成为"党总支领导的校长负责制"改革试点，这所一贯大胆创新的百年老校开启一段新的发展历程：根据变革要求，原来的领航人张德庆校长改任北京市陈经纶中学教育集团党总支书记，刘雪梅被任命为北京市陈经纶中学教育集团校长，从此挑起了"让百年经纶在一个新起点上有更大更好的发展"的重任，也开启了这所百年老校面向未来的"精致教育"新生态探索。

构建整分矩阵式管理模式，实施"四梁八柱"管理体系，疏通学段管理路径，细化集团管理脉络，明确集团管理要求。刘雪梅接力张德庆校长出任北京市陈经纶教育集团校长后，在传承的基础上，先后通过子集团捆绑式发展，集团和高中融合发展，各分校文化特色引领，建立完善的管理制度，强化干部管理培训，力促教师专业发展，建立各学段培训、教研、质量评价体系，紧抓各学段龙头校教育教学引领作用发挥等策略，经过近三年的深耕与实践，大大提升了北京市陈经纶中学教育集团整体发展质量。

## 放平心态，从新的起跑线出发

在百年经纶的办学历史上，曾创造出许多令师生们无比自豪的教育成就，为首都基础教育乃至国家的人才培养作出了有目共睹的贡献。2020年6月接棒的新掌门人刘雪梅，面对一个拥有25个校址、囊括小初高三个学段、师生员工近3万人的超级教育集团,压力不得不说大,但她很快放平心态,从新的起跑线出发。

宏观上,刘雪梅思考得更多的是该如何沿着百年来前辈们开创的优良传统与优质业绩,让学校在新的百年开好局、定好位,走向更美好的未来。客观上,刘雪梅需要解决如何面对全新教育格局下产生的一系列教育新命题:如何优化集团的教育治理?如何做好教育的传承与创新?如何创造更具引领性的文化?如何实现集团教育优质均衡?如何打造高素质教师团队?如何培养出适应未来的创新型人才?

"精致教育"理念,是刘雪梅接任总校长前,在帝景分校与师生、干部们共同的改革探索和实践结晶,是经纶精神、经纶文化、经纶品质在特定时代背景下的一种凝练表达。它是一个开放包容的理念与实践体系,既引领一种高品质的教育生活,也期望成就每一个师生不一样的精彩。

面对更大的管理半径、更多的管理层级,帝景分校以往那些行之有效的理念与方法是否依然有效?她开始重新思考"精致教育"办学理念的思想内涵与实践价值。

面对新环境、新问题,"精致教育"所倡导的一些方法可能需要调适,兼具灵活性与包容性,但同时,从学校管理到教育集团的管理,依然需要更为精心、精细,更加精益求精,更加精诚团结,而不是粗放或粗疏。从这个意义上说,对整个集团的管理,为学校实践和发展"精致教育"理念提供了更开阔的空间、更有利的时机、更丰富的情境。

### 精细化管理,夯实"精致教育"

#### 1. 向"改革"要质量:集团统筹下的分学段校本培训

面对25个校址的集团,精细化管理是行之有效的第一步。

随着新的学校合并加入,集团的规模不断扩大,但整体的教育质量始终没有降低,真正实现了"接手一所学校,办好一所学校"的承诺。究其根本,北京市陈经纶中学一直有一个好传统,那就是张德庆书记十分注重教师队伍建设，每学期高质量的校本培训已经成为激发队伍活力、提升教师素养的"法宝"。

随着覆盖小初高三个学段，学校不仅教师数量多、学段跨度大，而且师资、学情也各不相同，这也给校本培训带来了新的挑战。正所谓"众口难调"，怎样让培训更有针对性和实效性呢？面对新情况、新问题，怎样做到守正出新呢？

主抓教师队伍建设的王苹副校长，作为全国知名的正高级教师、特级教师，对教师专业发展有经验、有见地，校本培训也是她的拿手戏。刘雪梅与王苹经过多次研磨，由王苹负责方案整体设计、执笔，完成了"全人教育，全员提升——教师的专业发展孕育着学校的发展"的校本培训方案。基于校本培训方案，学校进行了周密而细致的设计，提出了2020年暑假校本培训的"一二三四五"策略。"一"即围绕"全人教育，全员提升"这一中心理念；"二"即考虑到学生因特殊情况无法到校等因素，采用了线上、线下两种方式相结合；"三"即突出集团、校区、个人三个层次；"四"即从管理、学段、骨干、读书自学四个层次抓培训落实；"五"即整个暑期培训要彰显五个特性——全员性、全面性、层次性、针对性、实效性。

以管理层的培训为例，学校把培训主题定位为：经纶干部的素养、创新度和执行力。从社会上流行的"最大的危机是素质危机、最大的挑战是能力挑战、最大的恐慌是本领恐慌"这句话中，抓住"危机、挑战、恐慌"三个关键词，引领作为集团"关键少数"的干部们保持清醒意识，认真反思学校和个人发展中的痛点、堵点、弱点、盲点。

着眼于集团"全覆盖、多校区、大体量"的特点，新一届领导班子创新性地设计实施了小学、初中、高中分学段"目标引领式、任务驱动式、考核评价式"的培训。集团新成立了小、初、高教学质量监控中心，三个中心的负责人分别从小学教学改革、初中有效课堂实施、高中学科能力培养三个方面组织研训，首次启动了以"发挥集团优势、整合优质资源、实现资源共享"为主题的框架式备课。

骨干教师是集团发展的中坚，在这一层级的培训中，集团提出了"事业因人才而兴，人才因事业而聚"的理念，通过系列培训激发动力、提升能力、发挥活力，真正做到"给他目标、给他希望、给他任务、给他压力、给他自我实现"，让骨干教师找到干事创业的平台。

面向全员教师，集团暑期策划了"读书自学"板块，通过三种方式引领教师自学：一是开辟"经纶书架"，集团统一为每位教师配发一本教育书《教学成果这样培育》，组织学习集团围绕"常态优质，减负提质"主题汇编的优秀教师事迹《讲台无界》，通过读书论坛分享学习心得和教育反思；二是鼓励用好"知网空间"等网络平台，有目的地开展专业学习，提升教育理念，开拓理论视野；三是组织填写"教师专业发展存折"，梳理个人教育教学成果，为自己长远的专业发展积攒财富。

这样有主题、有组织的读书自学，让教师们度过充实而有意义的暑期时光，也从中体会到"最好的培训是自我培训"的道理。

### 2. 矩阵管理：用组织创新为教育赋能

接棒后的刘雪梅开始认真思考一个问题：如何通过学校组织文化的创新，提高一所大规模学校的管理效能？

从某种程度上说，今天的北京市陈经纶中学教育集团已经成为一个"大型教育连锁集团"。无论是师生员工数量、管理层级还是办学场所，组织规模一点儿不亚于一个大型的国有单位。

面临11所分校、25址办学和涵盖三个学段12年的现状，理顺学校的治理体系、保障整个集团高效能运转就显得尤为迫切。怎样忙而不乱、忙得有价值，把大规模集团化办学变成实施管理创新的有利契机，通过组织结构的优化为教育赋能，成为刘雪梅必须思考和解答的一个重要命题。2020年秋季一开学，思考后的刘雪梅在学校办公会上提出了集团管理的新思路，立刻引起了大家的热议。

**思路1：构建大棋局，开启经纶新征程**

刘雪梅提出，对大集团实行矩阵管理，子集团分区域管理。

"大集团下设四个子集团,这个办法好,感觉整个集团的管理脉络更清晰了。"

"这分明就是军事上的四个战区——'东部战区''南部战区''中部战区''北部战区',必须为这个管理创意点赞!"

"大集团实行矩阵管理,子集团分区域管理,可以减少大家经常到本部来回奔波的时间,又能节约成本,提高效能。"

作为北京市朝阳区办学规模最大、办学质量最高、办学特色最鲜明的学校,随着集团的不断壮大,北京市陈经纶中学教育集团构建治理体系,提升综合治理水平成为其管理的重中之重。为此,学校按照地域将25个校区划分为四个子集团:以保利分校为龙头,包含民族、新教育、保利小学等5校区的东部集团;以帝景分校为龙头,包含劲松、崇实等9校区的南部集团;以本部高中为龙头,包含本部初中、团结湖、鸿鹄等5校区的中部集团;还有嘉铭等6校区的北部集团。

经过实践,以"一个学校、一个标准、一体管理、一体打造"的集团管理核心,实施北京市陈经纶中学教育集团整分矩阵式管理模式。即:大集团领导下的四个子集团,子集团管理下的各校区,以及集团小学学段、初中学段、高中学段各校区的统筹管理。而"整分矩阵式"中的"整"是强调集团的办学理念、办学目标、管理机制背景下的统筹兼顾,"分"是分区域、分学段、分责任进行有效管理下的百花齐放。大集团领导四个子集团,四个子集团领导区域的25个校区,同时贯通集团小学、初中、高中三个学段的统抓统管,由此形成了条块结合、纵横交错的立体化管理。

经过实践,整分矩阵式管理模式成为北京市陈经纶中学教育集团独有的特色。

"在我看来,以'整分'为核心理念,以'矩阵'为表现形式,有助于形成集团内学校'在思想上同心同德、在目标上同心同向、在行动上同心同行'的良好态势,逐步构建'高起点精心谋划、高标准精准定位、高规格精细推进、高效率精彩呈现'的经纶大视野、新格局,勾勒出陈经纶教育集团同频共振的'同心圆'，从而以管理合理、创新活力促进集团各校区发展。"刘雪梅说。

**思路 2：两万张试卷背后的"一体化管理"**

这么大一个教育集团，任何一项工作如果没有科学的操作方法，不注重管理方法的创新，都可能陷入忙乱无序的紧张状态，甚至免不了忙中出错。

每次集团统一组织考试，考后的试卷封装、批阅都是一项大工程。你看，小学学段刚刚进行了统一测评，考试一结束，老师们好一通忙乱：

"听好了啊，每一摞试卷里最少要有三个校区的学生穿插啊。"

"要像这样，把试卷戳齐，密封线对齐啊。"

"别忘了，试卷封好后，给标上标号，这样老师才清楚哪一摞是判过的啊。"

"每一摞试卷都要好好看看，有的班级学生的卷子收反了，千万给正过来啊。"

……

仅仅是阅卷前的一道工序就如此麻烦，可想而知，集团每一项工作的顺畅运营着实是一个严峻考验。

就是在这样的背景下，2020年7月，北京市陈经纶中学教育集团下的11个小学校区正式开启了一体化管理之路。集团搭建了小学学段管理体系，形成核心领导小组，帝景分校的张艳丽校长是学段的总负责人，崇实分校的韩君英校长主抓语文教学、保利分校的海兴俊主任主抓数学教学，嘉铭分校的赵玉铮校长主抓英语教学，他们形成一个核心团队，共同带领集团的11个小学校区实施一体化管理，统筹学段的校本培训、框架式备课、统一检测、共同分析等各项工作。

一体化管理的实施，让整个小学学段各个校区成了一个联系紧密的发展共同体，也让分散在3个子集团的11个小学校区在管理中更加有章可循。为了加强对教学质量的整体监控，集团做到"八统一"，即：

统一备考要求：每次大型的质量检测，集团都会从监考要求、缺考要求、分析要求、批阅要求等多方面提出整体性要求，严格遵循"一个学校、一个标准、一体管理、一体打造"的原则。

统一教学进度：集团三大学科的主要负责人各司其职，在严格执行区教学进度的基础上，调整各校区的教学安排，确保进度统一。

统一出卷：学校成立试题命制小组，在三大学科干部的引领下，各校区选派学科优秀教师形成试题命制小组，小组成员认真学习出卷要求和标准，研读课程标准和新课改理念，保证试卷质量，并与每位小组成员签订保密协议书，保证公平性与规范性。每一份试卷经过出卷、改卷、磨卷、定稿，反复推敲后才能进行印制。

统一印卷：为了提升教师的质量意识，规范教学管理，每次大型测试都由集团统一对试卷进行印刷，并在指定时间派送到各个校区，确保试卷的质量。

统一封卷：考试结束后，11个校区的试卷按照学科送到指定校区，一个子集团的一所学校承担一个学科的批改任务。当各个校区将试卷送到指定校区后，校区负责人带领老师们打乱校区顺序，密封试卷。

统一阅卷：在规定时间内，集团所有任课教师到三所指定校区进行集团阅卷。阅卷前选派专人对阅卷工作进行细致指导，合理分工，然后才开始进行集团阅卷。每一次阅卷时，老师们都非常规范和严谨，这样才真正保证了每一份试卷的批阅对每个学生公平、公正。

最后，集团还要统一登统成绩和统一质量分析。每一次统测后，集团都会下发统一的质量分析模板，小学学段各位负责人也会在每次统测后进行整体的成绩盘点与分析，通过质量分析让干部、教师们清晰各自校区的优势与问题，明确今后的目标与方向。

"学校工作无小事！看似简单的一项工作，其实背后有干部们辛勤的努力和付出。一次常规的年级质量检测，整个集团一共70多个班，大概两万多张试卷，阅卷工作是一项需要细致安排、科学分工的大事。而在这两万多张试卷背后，可以看到陈经纶中学教育集团的一体化管理尝试。"刘雪梅对一体化管理有着深刻的体会。

如今，"手动"阅卷已成为历史，但荣辱与共、同心同德的理念与意识，在北京市陈经纶中学教育集团的教育文化潜移默化影响下，成为每个经纶人的共识。

**思路3："框架式备课"让集团内实现教育均衡**

区域教育均衡发展一直是国家教育改革的重要目标之一。而对于北京市陈经纶中学教育集团这样的大规模学校来说，同样也存在"教育均衡"的难题。

在2020年7月，集团初中学段已经有10个校区、200多个教学班，专职教师达600多人，仅语文教师就有近百人。相应地，这些校区的学生数量、生源基础、教师结构和教学质量也各不相同，教师的教育教学能力差异非常大。当时，集团初中学段共有区级骨干以上的各类优秀教师144人，但在10所初中分校的分布极不平衡，最多的分校有39人，最少的仅有4人，有5所分校的优秀教师不足10人。

这一不均衡的状况有违集团化办学的初衷。如果不能实现优质教育资源的输出与辐射，带动集团内所有学校共同发展，共同走向优质均衡，那么集团化办学也就失去了意义与价值。而北京市陈经纶中学教育集团的发展壮大，寄寓的是更快、更好地实现区域内优质教育均衡发展，达到兼顾基础教育公平与效率的理想目标。刘雪梅看在眼里，急在心里。

如何肩负好这样的教育使命呢？经过精心策划，集团以初中学段为突破口，实行集团内统一的"框架式备课"，这一任务就落在了初中学段教学总牵头人李威校长带领的教学管理团队肩上。

"框架式备课"，说起来一点儿都不神秘，目的就是借助集团办学优势，发挥骨干教师的作用，通过重新组建学科大教研组、年级大备课组、校区联合体的方式，对学段进行统一要求、统一实施、统一管理、统一评价，推进有效课堂建设，向课堂要质量。

"2020年暑假注定是一个不平凡的假期。我在陈经纶工作十多年，第一次经历了全集团分学科、分学段的假期整体框架式备课任务。"学校本部英语组的回杨老师说。

为什么会有这种感觉呢？"框架式备课要求教师充分理解学科核心能力

与核心素养，准确确定教学目标，因此更能体现教师对学科知识、能力、素养的理解及对教材的驾驭能力，实际上是对教师提出了更高要求。"李威笑称。

尽管一些教师还懵懵懂懂，但在集团核心备课组成员带动下，很快行动起来。利用钉钉群，初三年级总负责人孙红艳召开全体初三英语教师会议，对备课内容、课件形式、教学案的设计和安排等都提出了详细要求。在校本部，英语学科区域备课负责人回杨清楚了备课的标准和任务要求，带着组内八位老师，先对备课标准统一了共识，然后两人一组，精心打磨每一个备课模块，同时大家互通有无、齐心协力，从教学课件到教学设计，从导学案到模块检测，都严把质量关。

"因为我知道，我们不仅是为自己备课，而且是为全集团初三毕业班的老师们服务，所以每一节课的内容都必须精致打磨，希望用我们的努力为经纶学生提供最有效的学习方式和高质量的学习资源。"回杨说。

就这样，经过那个暑假的辛勤付出，在2020年开学前，各初中校区已经完成各个学科的框架式备课成果，这些成果经过集团汇总后打包下发到各备课组，成为他们日常备课的重要参照。

"这是一段激情燃烧的难忘时光，很多老师在暑期克服了苦、难，高质量地完成了框架式备课任务。"帝景分校体育组杜辉老师动情地说，"框架式备课不仅是备课，更是老师们学习、碰撞、不断改进与接收新事物的一个过程。老师们觉得这样让工作更有氛围，获得的成果质量更高，资源共享让课堂更加丰富多彩。"

劲松分校英语组的宋涵乔老师，是2020年暑期才加入北京市陈经纶中学教育集团的，提起那次框架式备课也是一脸幸福："作为一个没有任何教学经验的'小白'，我来到陈经纶这样的名校本来心里就很紧张，没想到一来就赶上了集团的框架式备课，这对我来说简直是一场'及时雨'。在集体备课中，我又学习到了很多在毕业前没有学到的知识。我积极地投入其中，认真准备每一个教学活动、每一个环节。在我完成备课后，我的师父侯老师会提出修改意见，这对我又是一次提高。当然，收获最大的是拿到集团整理好的集体备课最终版,看了有经验的老师们所备的课件、教案,我受益匪浅。这些点滴的成长与发现,都让我觉得自己很幸运,一入职就到了一个很高的发展平台。"

"有了这个框架式备课的资源包,日常备课中,老师们就省心多了,只需在资源包的基础上,结合生源情况和自身特点稍作修改,很容易就能上出一节精彩的常态课。"这一改革,得到了老师们的充分认可。

一分付出,一分收获。有了框架式备课,整个集团的"教育均衡"指日可待,真正发挥出"1+1>2"的效果。这样的教育集团,也才真正是一个学习共同体、发展共同体、命运共同体,在人人参与中实现人人提升,让集团中各个学校走向"共生",让减负提质在经纶校园中落地生根。

思路4:从"第一资源"入手优化集团教育治理

在北京市,集团化办学已经成为扩大优质教育资源供给,推进教育均衡发展的重要手段,但同时也带来许多新的问题。如何保障集团化办学的整体水平,真正实现高质量发展?这个问题引发了社会各界的普遍关注。

2021年10月,在由民进北京市委会和现代教育报社联合主办,聚焦当前基础教育办学的一个重要主题"高质量发展背景下的集团化办学实践与思考"的论坛上,与北京小学教育集团、北京市第十八中学教育集团、史家教育集团等的一线教育管理者一起参会,刘雪梅分享了北京市陈经纶中学以"一核两集三横四纵"(一个办学理念、两个集约化管理、小初高三横、四个子集团四纵)策略促进集团优质均衡发展的办学经验。

"近年来,我们以梳理、提炼、传承、弘扬经纶百年优秀办学文化为契机,提升经纶办学品质。在此基础上,我们坚持集团化办学'四个一',即一个学校、一个标准、一体管理、一体打造。"刘雪梅这样介绍北京市陈经纶中学教育集团的办学理念。

众所周知,一个教育集团应该是一个发展共同体,要形成相互协作、相互促进、相互分享、相互支持的良性治理机制;而教育高质量发展的关键还在于"人",如何打造一支研究型教师团队,培养出一批干事创业的管理团队,实现成人与成事的和谐统一,这些都是推进集团化办学的重要命题。

在新掌门人刘雪梅的带领下,北京市陈经纶中学这艘巨轮,站在新百年的起点上,审时度势,通过打造教师专业发展机制和科学的用人机制,完善治理体系,提升治理效能,在干部队伍建设、教师队伍建设、课程建设、课程管理、人事、行政等方面,真正把教师作为教育发展的"第一资源",激发每一个人的成长活力,基于集团管理来打造有特色的教师发展共同体。

"升级"名师工作室,助推校本研修;让干部成为"核心力量",用成功"孕育"成功……充分发挥名师和基层管理者的作用。

思路5:打破"校际壁垒",办更大气的"精致教育"

实践证明,即便是再微小的一点改革创新,也不会是一帆风顺的,总会在落地实施的过程中遇到阻碍或新的问题。

陈经纶中学教育集团实施"骨干教师工作室"机制,本意是对整个集团的教师专业发展起到良好的促进作用。但真正实施起来,问题很快来了。作为这一工作的主管,集团副校长王苹满心希望用工作室机制调动大家的发展积极性。可一开始,每次她给各个分校布置任务时,很多分校都不"买账"。他们的理由是,分校平时也有自己的教研活动,集团布置的任务跟他们的活动产生冲突,打乱他们正常的工作节奏。

真是这样吗?为什么"看上去很美"的工作室机制,却得不到各个分校的支持和欢迎呢?刘雪梅陷入了深思。

一番调查之后,刘雪梅找到了问题的根源。一方面,设置骨干教师工作室的初衷是好的,但许多工作室的工作规划和活动设计并没有从各校的实际需要出发,有点一厢情愿,的确跟各校的工作安排发生了冲突。再好的设想,如果不符合实际需要,自然不受欢迎。另一方面,也是根深蒂固的一点,许多工作室主持人"本位意识"太强,只关注自己的分校,各个分校之间长期以来存在的"教研壁垒"并没有被打破。

怎么办?"问题解决式的教学视导"诞生了,集团组织人员分学科到各个学校去,看看他们有什么需求,然后由集团帮助各学校解决问题。

"这既是一种教研方式的改变，也是一种管理模式的新尝试。"刘雪梅说。本着服务到位、帮忙不添乱，进而将总校的战略目标与分校的发展实际融为一体，形成合力的做法，集团创新教学视导的方式，避免"雨过地皮湿"的面上检查，第一次教学视导就开成了问题研讨会。"这是一次成功的'诸葛亮'会。"刘雪梅回忆，"各个校区干部都敞开心扉、直奔主题开展探讨，分别谈了本校面临的问题是什么，有什么思考，为解决问题形成了什么经验。在会上，教学质量较好的嘉铭分校、帝景分校的干部也都知无不言，分享了各自的教改经验，让大家深感受益。除了分享交流，我们还明确要求，每个干部必须带着收获回去，在会上听到什么可学的好经验，自己的问题将怎么解决，下一步准备怎么解决，具体措施是什么，都要形成方案。"

"这次会议真是雪中送炭，针对我们教学中的一些痛点，兄弟校区给了我们许多好经验好做法。"一位教学干部激动地说。

为了防止"只有心动，不见行动"，一周多后，刘雪梅带领集团人员随即举行了第二次教学视导，主题就是针对第一次教学视导，督查各校区的整改落实情况。各校区干部都要汇报：上次研讨的问题，你学到了什么经验，回去后在教学管理中如何落实。集团通过这样的"回头看"，既形成了一种行动研究机制，也让干部们养成一种工作素养，一定要"学用结合"，把学习、研究与行动三者统一在日常的教学管理中。

同时，为了打破"校级壁垒"，刘雪梅选择了她曾经起步的帝景分校，带头向全集团"亮家底"。

这一次，帝景分校毫无保留地敞开校园，所有的课堂教学、管理方法、制度标准、教育资源等都向大家开放，与各个分校共享。

"之所以这么做，我是真心希望，帝景分校能够率先示范，在集团内实现资源共享，用多年来'精致教育'的理念与方法带动更多分校的发展。对帝景来说，这是一个考验与挑战——'精致教育'能否在不同的学校环境中得以落地实施，让更多教师和学生享受成功的喜悦。但我也相信，这样的开放与共享，一定会丰富'精致教育'的内涵。"刘雪梅说。

在集团的推动下，各个分校之间的教研壁垒慢慢被打破。在帝景的带动下，几所初中校结成了发展联盟，经常自发地组织各种教研活动。集团内的小学分校也开始敞开校门，形成了日常的共同教研机制，各项校级教学活动开展得有声有色。

在 2021 年 10 月，北京市陈经纶中学百年校庆之际，集团举行了首届教学成果奖评比。这是一次集团教研成果、教学改革的检阅。经过初评、入围、答辩和终审环节，本部的"初高中物理实验一体化设计与实施"、帝景与劲松分校的"560 体育课程模式建构与实施"、崇实分校的"基于核心素养的小学低段课程体系构建与实施"等一批优秀成果脱颖而出。这些成果涵盖了集团小学、初中、高中各个学段，也均衡地分布于集团各分校。

"让我尤其高兴的是，大部分获奖成果都是教师团队研修的活动项目，其中也不乏跨校区、跨学段的合作项目。"刘雪梅对此很自豪。

如今，一次一次打破"校际壁垒"，真正为北京市陈经纶中学教育集团培养出一批具有问题意识、研究意识、探究意识的教师，显现一种开放共生、团队发展、成果共享的教育文化，成为经纶精神的一部分。

## "经纶之治"，集团化办学的独特密码

近年来，各地纷纷推进集团化办学，这已经成为扩大优质教育资源的一个"捷径"。但仔细审视，这其中也存在简单"贴牌"、发展同质、效能低下等问题，从而导致集团化办学大而不强，没有发挥应有的教育合力，反而妨碍了教育均衡发展。

究其根本，集团化办学不是一堆学校的简单拼凑组合，而是要通过科学的内部治理，让学校之间产生"化学反应"，形成有机联系，最终成为一个具有强大战斗力、凝聚力、影响力的"集团军"。

"陈经纶中学教育集团各个校区要亲如手足，守望相助，像石榴籽一样紧紧抱在一起。不论过去、现在还是将来，都要坚定不移地做到'在思想上同心同德，在目标上同心同向，在行动上同心同行'，这样才能实现'共

治、共管、共享、共赢'。"刘雪梅认为，所有的工作，最终的落脚点是一个"赢"字。在她看来，"赢"字很难写，因为它是由五个汉字组成："亡"，意味着危机意识；"口"，代表着沟通能力；"月"，要有时间观念；"贝"，警醒我们取财有道；"凡"，必须有平常心态。"要实现集团的合作共赢，这五种意识或能力缺一不可。"刘雪梅坚信此点。

只有精神不倒，才能常打胜仗。刘雪梅认为，就像每个人都有自己的性格一样，每所学校也都有自己的精神气质。所以，她接棒这所百年老校后，经常思考的问题是：陈经纶中学的教育精神是什么？

刘雪梅所理解的经纶精神，是学校在长期办学实践中沉淀下来的优良文化与教育追求，是一系列支撑学校度过发展难关、取得卓越业绩的精神品质的总和，这八种精神是：埋头苦干的奉献精神、铁板钉钉的实干精神、兢兢业业的钻研精神、久久为功的坚守精神、攻坚克难的担当精神、永不言败的亮剑精神、敢为人先的创新精神、勇攀高峰的拼搏精神。

近年来，北京市陈经纶中学面临的发展压力越来越大，一方面，随着集团规模的扩大，面对不同学段、不同校情、不同生源的众多分校，如何保证优质教育资源不被稀释，让经纶教育的品质始终如一，这是一个全新的艰巨课题；另一方面，随着朝阳区推进教育高位均衡发展的步伐，名校资源不断被引入，新的教育集团林立而起，他们在办学软硬件、师资、生源等多方面优于北京市陈经纶中学，集团面临的外部竞争环境日益严峻。

当此情形下，北京市陈经纶中学发展的底气何在？凭什么在激烈竞争中屹立不倒？最关键的就是要有强大的精神定力，以经纶精神凝聚人心，以精神之力开创美好未来。

刘雪梅记忆犹新的一件事是，一次暑假的中考录取结束后，全朝阳区高中校召开拔尖创新人才培养工作会议，部署高中教育发展目标，参会的有各高中校长、书记、教学干部、高三年级负责人等。在同组的高中学校里，北京市陈经纶中学的成绩的确与其他几所学校有不小的差距。这时候，就听一位校长在汇报时说了一句："我们学校特别困难，生源水平创历史最低，今年高一的录取分数线和陈经纶中学一样了。"

这本是无心的一句话,却引得现场一阵笑声。那一刻,刘雪梅心里很不是滋味。在一周后的集团干部培训会上,刘雪梅说起了这件事,也提出了经纶精神的话题。她说:"陈经纶中学的字典里没有'认输'这个词,有的是奋勇争先、不屈不挠的性格。面对竞争,我们要敢于亮剑,有志气、有勇气、有底气去追上他、超越他!"

经过一个学期的卧薪尝胆,效果立竿见影。寒假中,朝阳区又一次召开高三教学质量总结汇报,北京市陈经纶中学的教学成绩全面提升,超额完成承诺的教学发展指标。

耐人寻味的是,还是上次那位校长,在汇报时这样说道:"这次我们考得特别不好,可以说是全面溃败,我们得向陈经纶中学学习!"

刘雪梅说,听到这句话,她不由得和身边的学校党委书记郑蔚青相视一笑。因为,陈经纶再次用"脚踏实地、抓铁有痕"的努力拼搏赢得了别人的尊重。这,正是经纶精神的价值所在。

时局造经纶!走过百年的北京市陈经纶中学,从一所学校发展为如今的教育集团。面对未来,完善集团的现代学校制度,优化学校的教育治理模式与治理格局,提升学校的教育领导力和竞争力,是迫在眉睫的挑战。

作为集团校长的刘雪梅,在继承与创新的同时,不断提升和丰富"精致教育"的内涵,让"精致教育"理念在集团这样教育形态更加多样、学情和学段更具差异性的环境中,形成一套更为科学、更加普适的方法体系。"我所期待的'精致教育',不是一种小而精、小而美的教育,而应是更加包容、更加大气的教育,同时也要有更精细的质量意识、更高远的精神追求。我们干事创业也是如此,既要登高望远,胸怀大局,又要落实落细,积微成著。"她说,"这是我向往的理想的教育境界,也是一所百年老校应有的方法论与发展观。"

(红袖子整理)

/ 管理实践对话 /

## 校长应该做什么

作为北京一所著名的"航母式"集团校新任校长,刘雪梅怎样当这个校长,这个校长应该怎么做,从她上任的第一天起,就备受关注。"问题与挑战是改革创新的契机,知难而进是发展的新常态,只要找准方向,凝心聚力,经纶教育一定能够交出一张更加精彩的答卷。"刘雪梅的答案是这样的。

**问:** 您在帝景分校时,就开始"精致教育"实践探索,2020 年 6 月您接棒北京市陈经纶中学教育集团校长后,开始在全集团探索"精致教育"理念,今天,您怎么解读"精致教育"?

**刘雪梅:** 是的,这几年来,站在办好陈经纶中学教育集团的视角下,我逐渐对"精致教育"有了更为深刻的认识与感悟。

什么是"精致教育"?在提供一种办好学校的教育解决方案,系统、完整地表达我们对于教育的理想追求与方法指引之外,我想,在这一切背后,还代表着一种"致广大而尽精微"的教育精神。

"致广大而尽精微",是一种做人做事的理想境界,它启示我们,既要致力于达到广博深厚的境界,又要尽心于精细微妙之处。这是一种辩证统一,又是一种相辅相成。它意味着,既要在宏观上"抓大",又要在微观上"抓小";既要仰望星空,又要脚踏实地。

我想,这就是"精致教育"之于陈经纶中学的意义与价值吧。今天的经纶已经是北京市朝阳区分布最广、人数最多的,拥有 7 个法人单位、25 个校区、27000 多名师生的教育大家庭。办好这所大学校,我们要着眼全局、目光长远,又要关注细节、面向人人,真正处理好"大"与"小"、"快"与"慢"、"粗"与"细"等教育发展中的辩证关系。更重要的是,我们要办出真正有示范意义、引领作用、文化感染力和使命担当精神的"大学校""大教育"。

今天的朝阳区正在探索新的教育集团化管理改革，一批新的教育集团正在崛起，陈经纶中学如何在"一个学校、一个标准、一体管理、一体打造"的"四个一"管理的基础上办出引领性的经验，实现区域教育的优质、高位、均衡？从这个角度来说，我们也希望陈经纶中学的"精致教育"能够具有更强生命力和更广泛的适用性，为更多教育集团的改革发展提供一些参考。

**问：** 在您看来，校长如何做好学校的"精神首席"？

**刘雪梅：** 好校长是什么样？好的管理团队是什么样？这些问题似乎没有标准答案。

既然要打造"雁一样的团队"，那毫无疑问，我就应该是这个雁群中的"头雁"。"头雁"是雁群中飞行最累的，除体力的"超支"之外，必须把握飞行的方向，做好整个雁群的引路者，要掌握飞行速度，照顾飞行编队的每一位成员，使每只大雁都不掉队。

对雁群而言，"头雁"责任重大，它是群雁振翅的动力，是群雁前行的榜样。在学校管理团队中，我时刻提醒自己要做到率先垂范，在集体利益与个人利益发生冲突时毫不犹豫舍弃个人利益，不吝付出，早出晚归，多年来从未因个人原因请过一次假。

因为我这样做，团队中的其他成员也纷纷效仿，大家不计得失，比贡献、比奉献，每个人都发挥出自己最大的能量。同时，在各种困难和重大活动考验面前，大家互助友爱，相互成就，慢慢凝聚成了一个整体。

我认为，要做学校的"精神首席"，一定要做"行胜于言"的魅力校长。一个好校长的魅力从何而来？这是我常思考的问题。反思自己，既没有惊人的容貌，也没有过人的才华，凭什么走上校长岗位？一个原因可能是我做事比较专注吧。在帝景分校中学部做副校长的三年，我所有的注意力都盯在中学部的工作上，如怎么打造团队，怎么创新教育，怎么提高质量，自己从来没什么私心杂念。有老师私下曾善意地提醒我:"刘校长,您天天'长'在学校,只会和老师们摸爬滚打,不去和领导接触怎么能行呀?"老师们这是替我着想,但我心里很坦然。我从一个普通的体育教师,一步一步走上校长岗位,都是凭着自己的实干。我喜欢在教育教学第一线,和老师们在一起研究教育教学,这是让我非常舒服的一种状态。不和老师们在一起,总觉得空落落的。来到朝阳后,我单枪匹马,人生地不熟,唯一能做的就是做好自己的老本行。至于有人说的"上层路线",我不擅长,也不喜欢做。

我始终相信天道酬勤,也始终这样勉励老师们:"我们一起努力把学校的事情做好,我们的前途就一定是光明的。"

校长是一所学校的"行动指南",是一所学校的旗帜。自从做了校长,我一直提醒自己,"己所不欲,勿施于人",我自己做不到的绝不要求干部、教师去做,要求干部、教师做到的,我一定先自己做到。

做了校长以后,我依旧每天披星戴月,依旧每天"泡"在学校里。听课、座谈、参加教研活动,跟老师们聊家常,然后一起读书、分享、争论。除了这些习惯性动作,我还要留出足够的时间思考,思考学校发展的方向,思考干部、教师两支队伍的建设,思考怎样实现学生的个性化发展,思考校园文化的走向……

没有人告诉我,一个校长具体该做什么。我只知道,我这样做,自己心里踏实,也会让老师们心安。

因为我这样,干部、老师们也和我一样,每天早早来到学校,巡视、自习、早读;每天晚上,灯火通明的办公区成了一道独特的风景,老师们下班后还"泡"在学校里教研、备课、辅导学生的情景比比皆是。这样的情景,常常让家长们也为之动容,不吝点赞。

我想,"行胜于言",就是一个校长的魅力所在吧。

**问:** 接棒这几年,有什么困难让您难忘?

**刘雪梅:** 最难忘的,应该是来自生活的磨砺。几乎就在我踌躇满志要在校长岗位上大展身手时,一场难以想象的生活考验也不约而同地降临了。

2010年7月31日，同样从事教育工作的爱人要到新加坡公派留学半年。当时，孩子正好该上初三了。一方面，学校工作千头万绪，刚刚接任校长的我有许多时不我待的事情要做；另一方面，过去一直无私支持我、让我很少操心家事的爱人远赴国外，家里的事只能靠我独立支撑。

于是，爱人刚出国那段时间，家里简直是"状况"不断：厕所堵了、汽车电瓶没电了、网络欠费被停、窗户拉手坏了、鱼缸里的鱼一夜之间死了一大半……以往对爱人来说的小问题，在我面前都成了一座座横亘的高山，让我欲哭无泪。

记不清有多少次，开车技术生疏、方位感又极差的我开着车行驶在北京的马路上，沿着立交桥转了三四圈仍找不到出口，无奈把车停在路边，拨打国际长途，让爱人远程指挥我冲出"迷阵"。有时候，大半夜了，我还沉浸在规划学校美好蓝图的构想中，"啪"的一声，家里一片漆黑，我借助手机的亮光，跟着来自新加坡的指挥，一番尝试后，终于重现光明。

那半年，我觉得自己就像陀螺一样，每天转呀转呀，从家里到学校，有干不完的活，解决不完的问题。在假期中，白天我在学校走遍每一个角落，晚上冥思苦想学校的发展，制订学校发展的三年规划。"校园内每一个摆件精挑细选，每一项制度建立健全，每一项工作闭环管理。每一天我早上不到七点到学校，晚上七八点甚至更晚才离开学校，'忘我'应该是当时我工作的'状态'。上初三的女儿每天跟着我早出晚归，生活没有规律，晚饭经常是在晚上八九点钟吃快餐解决。"

工作上得到领导和老师们的高度认可，虽然很累，但是累并快乐着。每次我听到老师和家人体贴的话，顿时忍不住泪水在眼眶里打转。那是我在帝景最艰难的半年，但我咬着牙挺过来了，不仅学校工作处处争先创优，而且我也被生活磨炼成了"无所不能"的家庭主妇。

那一年，学校喜获丰收，中考以综合平均分504.6分的优异成绩勇夺区中考第一名，崔健同学以数学、物理、化学均满分，综合成绩567分（裸分）的优异成绩摘得区中考"状元"，初一、初二年级统考也以绝对优势名列全区第一。

**问：** 作为一所超大集团校，学校不仅学生多，教师也多，且分布于各个分校，问题多吗？管理难度大吗？

**刘雪梅：** 一所学校就像一个小社会，总会有难以解决的问题、不好相处的人。这时候该怎么办？说实话，我也曾是一个年轻气盛的教师，容易冲动，有时认死理。但走上管理岗位后，我努力反思自己、调适自己，遇到问题尽量不简单粗暴地批评、处分教师，而是追根溯源，用真心、诚信、爱心打开教师的心结。

王一（化名）是帝景建校不久调入的教师，担任班主任，曾因所带班级问题严重，造成不良后果。那时我担任帝景教学副校长，他听人说我对他的工作不认同，于是每次看到我都爱答不理，抵触情绪强烈。

我接手校长后，王一私下和老师们讲："我肯定完了，前一段时间我到处找她的麻烦，这下子她当了校长，哪能放过我？以后怕是没好日子过喽！"我通过多次与他推心置腹地交流，本来已经想调走的他留下来了。

打开心结、留下来的王一变了，在本职岗位上兢兢业业、不断创新，不仅教学成绩优异，而且在社团建设上也是一把好手。他带的学生社团成了学校的品牌社团，多次参加全国、市级比赛并获大奖。在各项活动中，他也成了积极分子，乐于助人，成为一个阳光、自信的优秀教师。

这一切让我倍感欣慰，也促使我反思自己：有时候，与其抱怨教师有问题，不如多想想怎么改变自己，让自己变得更宽容、更大度。给老师一个机会，其实也是给自己一个机会。

这样的教师管理模式，再难的问题也能化解。

（雷　玲）

/ 管理特色 /

## 同频共振的同心圆

### 同心圆管理模式

以"一个学校、一个标准、一体管理、一体打造"的"四个一"为集团管理的核心,实施整分矩阵式管理模式,即大集团引领四个子集团,四个子集团分别管理各个校区,小学、初中、高中三个学段统抓统管。这种创新模式将经纶 25 个校区紧紧地联系在一起,同心同向同行,用色彩斑斓的经纶之笔,描绘着各美其美、美人之美、美美与共的经纶集团最大的同心圆。

### 教师专业发展存折制度

教师专业发展存折,是北京市陈经纶中学在教师专业发展上的一项创新举措。学校建立了信息化网络平台,为每一位教师开设教师专业发展存折。存折的内容包括教师基本信息、自身专业发展规划、专业学术发展进展、教育教学业绩成效等,由此形成了一个教师专业发展自我分析和学校统一管理服务的数据库。

### "一纵五横一辅助"的课程体系

学校形成"一纵五横一辅助"的课程体系,开发"人文社科、数理研究、科技创新、艺术媒体和体育健康"等特色发展课程,建立了必修、选修、自修三级课程资源平台,以提升学生自主学习能力为根本遵循,构建学习共同体、教育共同体、教学共同体,提供多种途径引导学生自主选择和发展,形成了初中、高中、大学一体化贯通的培养课程。

# 追梦校长袁卫星和深圳市宝安中学（集团）

**袁卫星**

深圳市宝安中学（集团）校长兼高中部党委书记、校长。正高级教师。曾任深圳市新安中学（集团）第一实验学校校长、高中部校长。广东省中小学德育指导委员会委员，新教育研究院人工智能未来教育研究所所长等。

坚定的理想主义者管理的学校，有什么特色？

深圳市宝安中学（集团）校长袁卫星，就是一个始终坚持"用教育的理想，办理想的教育"的坚定的理想主义者。将理想践行于学校管理，学校就会成为梦想起飞之地。

每年一到深圳中招季，如何选择一所合适、匹配的高中成为四五月份中考生、家长们的头等大事。在学生满意度、家长认可度高的学校中，总有宝安中学（集团）高中部的身影：她，教学质量高，2021年12人居高考全省前500名，前1000名21人；她，师资强劲，2016—2019年，连续四年荣获深圳市教师教学能力大赛团体总分第一名；她，孕育美好，在校园搭建多元"立交桥"，九大类共72个学生社团助力学生全面发展……

袁卫星常说："教育应当引领时代、提振社会，而要做到这一点，教育的理想必不可少。"多年的教育理想，成就了一所"成人、成才、成功"的"梦之校"。

袁卫星校长的教育理想一以贯之，管理经验和管理智慧多年积累，基于所就职学校的实际情况调整和延续。他在担任深圳市新安中学（集团）第一实验学校校长时实施的一些好的做法便延续到宝安中学。学校虽不同，袁校长的教育理想未曾改变，管理智慧始终践行。

/ 印象袁卫星 /

## "你们的大朋友:袁卫星"

一个坚定的理想主义者——这是很多人对袁卫星的印象,也是他对自己的评价。

从中学语文教师到教研员再到一校之长,一路走来,袁卫星始终坚持"用教育的理想,办理想的教育"。他常说:"教育应当引领时代、提振社会,而要做到这一点,教育的理想必不可少。"

认识袁卫星,是在追随教育理想的路上,近20年前,我们在朱永新先生倡导的新教育首次年会上有过一面之缘。当时的他,并不起眼。而这些年来,我在各种场合听到过他的观点,看到过他的书。于是很想了解,这些年来,从江苏到深圳,袁卫星的教育理想是什么?

"每个孩子都学会走路""每位老师都成为学生生命中的贵人""每位老师都能自觉、坦然、骄傲地戴着校徽走出校门",作为深圳市宝安中学(集团)校长的袁卫星如此表述。朴实的话语背后,是袁卫星多年如一日的追求——让每个生命成为最好的自己,让校园充满生命的气息。

袁卫星很爱写信,给学生写信时,落款都是"你们的大朋友:袁卫星"。

他当校长后,给孩子们发出的第一封公开信是关于走路。总会从日常中捕捉细节的他发现:课间,学生上下楼梯在奔跑;他坐地铁时,车厢里有学生吃手抓葱油大饼;有学生骑车上学时,将自行车骑上快车道……

"培养什么人、怎样培养人,不是应该从一个人的日常行为开始吗?"在袁卫星看来,衣、食、住、行,既与知识有关,与能力有关,更与价值观有关。

在信中,他谆谆告诫孩子们:"希望从今天开始,校园里不再有不讲安全,不讲健康,不讲文明,不讲伦理的学生;希望走出校园,不看我们的校徽，人们也能通过我们的言行认出我们是宝中人。"

袁卫星也爱给教师们写信。

"老师要登多高的楼，校长就该尽量给他搭多高的梯子。"袁卫星说。

"把教师教育的幸福体验、成功体验激发出来的校长，是最好的校长，我觉得，袁校长做到了。"一位青年教师这样评价袁卫星。

袁卫星不仅给师生们写信，还为新安中学（集团）第一实验学校校园里的两只鸭子写过一封公开信。

2019年9月，袁卫星将两只流浪鸭带到校园，放到了学校鱼池饲养。学生对于两只小鸭十分好奇，每节课间都去鱼池驻足。谁料，两只小鸭长大后在鱼池中乱咬刚种下的睡莲。它们不仅吃莲叶，更吃莲花，甚至还会把莲根咬断。"这该怎么办？"

袁卫星写信向全校"求助"，公开征集"校鸭"的管理办法。公开信一经发布，全校学生便开动小脑筋，纷纷献计献策。袁卫星认真回复了每位学生的意见，并牵头成立"校鸭管理委员会"，任命教师和学生为委员会成员，共同参与管理。通过"求助"学生帮助解决鸭子和莲花的矛盾，袁卫星将学生的视线聚焦到了和谐自然、生命可贵这样宏大的课题上。

袁卫星也给家长写信，信中他说："请您放心，'让每一个孩子都成功'，这是我们的追求，也是我们的承诺。"

学生毕业时，他在信中这样写："请带走写在学校报告厅外面的三句话：做自己，做好自己，做最好的自己。"落款依然是——"你们的大朋友：袁卫星"。

有人问袁卫星，这几年，你每周七天到校，每天十二三个小时，甚至十五六个小时在校，是怎么做到的？袁卫星的答案是：学校需要我，学生需要我，老师需要我，家长需要我，我就要让学生开心、老师舒心、家长放心。"任何时候，咱都得尽心、用心。"

（雷　玲）

校长语录

- 怎样在日常生活中学会做人，这才是今天我们除分数之外，教育要面对的根本问题，才是"教育即生活"的最好说明。
- 理解和尊重教师当从校园里开始，从校长做起。
- 我的教育理想就是三句话：第一句，每位老师都能成为学生生命中的贵人、一辈子遇到的最棒的老师；第二句，每位家长都能和老师一起，帮助孩子学会走路；第三句，每位老师都能自觉、坦然、骄傲地戴着校徽走出校门，走在大街上。
- 我们要把我们的人生价值体现在引领孩子的成长、助推孩子的成功上，我们要成为孩子一辈子遇到的最棒的老师，我们要和孩子一起，过一种幸福完整的教育生活。
- 一名校长，尤其是"职业校长"，应当激发生命内驱力，拓展生命长宽高，为每个人全面而富有个性的发展提供支撑和帮助。
- 学校应本着生命至上的理念，以人为本、求真务实，引导师生建立民主、平等、和谐的师生关系，建立相互尊重、相互激励、相互学习、平等互助、共同进步的同学关系，营造良好的育人氛围，辐射生命正能量。
- 我心目中的好校长，是一个热爱读书的校长，一个热爱学生的校长，一个热爱教师的校长。
- 学校文化是学校发展的灵魂，是凝聚人心、展示学校形象、提高学校文明程度的重要体现。学校文化对师生乃至家长的人生观、价值观有着潜移默化的深远影响，而这种影响往往是任何课程无法比拟的。学校文化不一定有具体的形态，却牢牢地植根于师生内心，融入师生血液并清楚地显现在师生的话语和行为气质中，与学校中人与事密切相连。

- 一名新校长，要在学校迅速打开局面，我觉得一方面要做像"领导"，有领导的气魄；另一方面要具有"领导力"，尤其是在课程教学方面。因为，课程是学校的核心竞争力，也是发展学生核心素养的关键；而教学工作，毫无疑问是学校的中心工作。
- 一所学校需要一个课程图谱，以使国家课程校本化实施、校本课程特色化开展。
- 好的教育，势必要，也势必能走进学生的心灵。而走进学生心灵，前提是理解学生。
- 管理讲究的是层层部署、逐级落实，而治理既有从上到下，也有从下到上，甚至可以从中间向上、向下延伸开来、铺展开来。
- 我认为，教育需要塑造自我实现型人格。人的生长需要（认知和理解的需要、审美的需要、自我实现的需要）是绝不可能得到完全满足的，这正是一个人不断学习的强有力动机。
- 看见学生，相信学生，激发学生，教育方有无限可能。
- 学校教育的高质量发展，包括学业性质量、发展性质量和生命性质量。我们不仅要让学生走得快，更要让学生走得好、走得远。要给他们扣好人生第一粒扣子，要培养他们的兴趣爱好，发展他们的个性特长，还要给予学生生涯规划的指导。不仅要落脚学生的当下，更要放眼他们的明天。因此要关注学生身心愉悦、内心充实的程度，让他们在校园里健康、快乐、自信、阳光地成长。
- 塑造自我实现型人格需要一定条件和机制。多年来，我们坚持以学生的生命成长为主线，围绕学生的自然生命、社会生命和精神生命展开专门化教育，引导学生认识生命、珍爱生命、发展生命，拓展生命的长宽高，让有限的生命实现最大的价值，让每个生命成为最好的自己。

- 能不能让学生把学习动机建立在生长需要上？回答是肯定的。"自我实现"就是学生在对学习环境积极适应的前提下潜能得到充分发挥。"自我实现"意味着充分忘我、集中全力、全神贯注地投入学习。"积极适应"非常重要，它体现的是进取心，是在"适应"条件下产生的，它有别于欲望膨胀、畸形发展的自尊型人格的"进取"。"进取"和"适应"是相辅相成的。

/ 印象深圳市宝安中学（集团）/
# "梦之校"，怎能不爱

每年一到深圳中招季，如何选择一所合适、匹配的高中成为四五月份中考生、家长们的头等大事。

在学生满意度、家长认可度高的学校中，总有这么一所学校的身影：她，教学质量高，2021年12人居高考全省前500名，前1000名21人；她，师资强劲，2016—2019年，连续四年荣获深圳市教师教学能力大赛团体总分第一名；她，孕育美好，在校园搭建多元"立交桥"，九大类共72个学生社团助力学生全面发展……她，就是深圳市宝安中学（集团）高中部，在"育人至上，教师第一"理念下稳步发展的深圳高中领头雁、多项全能的排头兵。

"今日我以母校为荣，他日母校以我为荣！"这句话用在宝安中学学子身上再合适不过。

不久前，北京大学给宝安中学发来喜报，通报学校朱志郅、洪杰生、李浩等三位毕业生在北京大学学年评优评奖活动中的获奖情况，并感谢宝安中学作为北京大学重要的优秀生源基地，输送了一大批目光远大、德才兼备的优秀学生。

简短的贺信，背后却彰显出深圳市宝安中学学子不仅高考成绩强，在成长的道路上更是后劲足。究其根本，是深圳市宝安中学为学生们搭建了多元发展的"立交桥"。

在深圳市宝安中学，并不提倡一味地苦读，面对才高八斗、各有天分的学生，学校为他们提供了丰富多元的成长平台。学校仅自主开发的校本课程就有143门，高中部设有九大类共72个学生社团。紧张的学习生活之余，每个学生都能在这些社团里找到发挥特长、展示才性、陶冶情操的舞台，一年一度的校园文化展示季暨学生社团音乐节，至2023年已连续举办13届。社团成员的精彩展示，也成为每一个宝安中学高中毕业生的美好记忆。

"在校读书时，我加入了广播站和国旗队，这两个社团让我受益良多。"就读于北京大学环境科学与工程学院的朱志郅说，"正是因为在广播站的播音经历，我才能够在众人面前自如地表达自己的想法；国旗队则让我能够在公众场合不拘谨，像每周一抛出国旗一样自然地用肢体语言向受众传递我的情感。"

为每一名学生提供发光发亮的机会，为每一名学生培养一生受用的品质、习惯，宝中人的精气神就这样在三年的高中生活中潜移默化地形成。

正如就读于北京大学经济学院、深圳市宝安中学毕业的洪杰生所说："我从不认为宝中离我很远。虽然高考结束后，我已不能再回到那段高中生活。但我从宝中获得的，远不止一张毕业证书所带来的证明意义。无论是目前的学习科研，还是日常的生活起居，都有着在宝中学习生活时的影子。"

如果说深圳市宝安中学的品牌因学生而腾飞，那教师便是品牌稳步起飞的强引擎。

"学校发展，永恒不变的就是教师队伍建设。"在深圳市宝安中学（集团）书记程显友和校长袁卫星看来，学校就要坚持以最好的教师培养最好的学生。

至2023年，学校拥有一个庞大的国家级优秀教师、专家团队，其中包括4位正高级教师、7位特级教师，以及南粤优秀教育工作者、国际化学奥林匹克竞赛金牌教练、享受国务院政府特殊津贴专家（北京奥运会开闭幕式编导）、中学物理奥赛高级教练、心理学副教授等。

在这样的背景下，学校把"育人至上，教师第一"确立为办学思想，将"全体学生都要共同进步，成人成才成功"定位为教师追求的价值起点。学校教师队伍的专业素养始终在线，离不开一批又一批爱岗敬业、善于合作的优秀教师。

每天晚上，高三年级的教室灯火通明。3个小时晚修，值班老师通常有20余人，还有主动到班或在办公室给学生辅导的老师，算下来，几乎每晚都有近70名老师主动到校辅导答疑。在学校每间教室的门口，教师答疑的专属座位成为每届学生及家长赞誉的"最美风景线"。

一如校训"成人、成才、成功"，学生成绩高原之上起高峰、老师传道授业争向上、校园氤氲时时刻刻的美好……这样多项全能的"梦之校"，怎能不爱？

（红袖子整理）

**校园文化**

深圳市宝安中学（集团）的前身是宝安中学。宝安中学成立于1984年8月，是广东省首批国家级示范性普通高中，入选北京大学"中学校长实名推荐制"推荐资质学校和清华大学"领军人才计划"学校，是全国千所现代教育技术实验学校、全国德育实验学校、全国青少年文明礼仪基地，是广东省普通高中新课程实验样本学校、广东省安全文明校园、广东省心理健康教育先进单位、广东省书香校园，是深圳市师德师风先进学校、深圳市文明单位，还是联合国教科文组织教师教育教席联席学校。

2015年11月29日，宝安区委区政府为提供强有力的人才教育，保障产业转型升级和可持续发展，成立宝安区首个公办教育集团——深圳市宝安中学（集团）。现有10个校区。

◎ **办学理念**

和谐发展，学会生存。

◎ **办学思想**

育人至上，教师第一。

◎ 校　训

　　成人、成才、成功。

◎ 校　风

　　和谐、奋进。

◎ 教　风

　　乐教、善导。

◎ 学　风

　　好学、善悟。

/ 管理智慧解读 /

# 坚持"文化立校",把学校建成图书馆

深圳市新安中学(集团)第一实验学校[①]把园林式的环境、书香气的校园、书院味的教育,确立为文化追求的方向与目标,以打造"园林中的书院"为指导思想,大力推进校园环境综合提升工程,让校园充满生命的气息、书香的味道、文明的风景。

"一个人的精神发育史就是他的阅读史。"新中一实十分重视师生阅读环境的构建、阅读氛围的营造、阅读活动的开展,将图书"请"出图书馆,构建泛在学习的环境,将学校建成图书馆。

走进学校,你会看见走廊上、楼道里布满书架,就连新建的图书馆也是开放式的,师生可以随手取阅,无需任何手续,归还全凭诚信和自律。

书少了没有?袁卫星说,根本不会少。因为,经常会有学生和学生家长把家里读过的书拿来捐赠,不时会有出版社、作家朋友寄来赠送的样书。上海一位女士甚至邀请深圳的几位诗人,精挑细选,列出适合小学生和初中生阅读的古今中外诗歌作品,整整捐了一个书架。宝安图书馆也将一次性流动图书3000册送到学校。

"在孩子的灵魂深处存一笔精神财富,孩子将享用一生,荫及子孙。"袁卫星说。

学校每年开展读书节活动。除传统项目外,学校还与陕西安康留守儿童开展"手拉手共读一本书"活动。新中一实的师生把读过的书加上批注、附

---

[①] 袁卫星曾任深圳市新安中学(集团)第一实验学校校长,所积累和形成的管理经验延续到深圳市宝安中学(集团)。本文主要以袁校长在新中一实的管理实践来展现其管理智慧。

上信件，寄赠贫困山区师生共读，同时还给山区师生捐赠了一批又一批新书，并一对一帮扶留守儿童近百人。

### 坚持"课程育人"，开展生命教育实验

课程是学校的核心竞争力，也是发展学生核心素养的关键。在新课程改革全面推进的背景下，新中一实在集团高妙添校长的指导下，加强科学顶层设计，聚焦办学目标和育人理念，制订了《新安中学（集团）第一实验学校课程建设方案》，开发了"三色课程图谱"（生命教育为底色，经典教育为成色，科技+体艺教育为亮色）。

学校利用"四点半"课程，发动教师、家长，引进社会机构，柔性使用教育人才，开设了近百门素养课，对接学生发展核心素养，让学生自主选择、自我发展。

学校研发了《国学经典与传统文化》《文学欣赏与语言运用》等多套实验用书，在语文学科中尝试阅读、写作分科教学，促进国家课程的校本化实施。

学校全面、系统地开展生命教育，成立了生命教育研究与指导中心，承担粤港澳大湾区国际化建设课题，编写并正式出版了《新生命教育》实验用书，成为深圳市重大教育成果推广项目，以专设课程及班会课为基础，辐射所有学科，通过组织系列实践活动，将生命教育融入各学科课程。

由朱永新、周国平担任名誉所长，冯建军担任所长，袁卫星担任执行所长的新生命教育研究所设在新中一实。学校组织的"青少年生命教育公益课"听课人数超过 100 万人次。

学校还开办了"新父母学校"，形成必修和选修结合的课程"菜单"，李玫瑾、孙云晓、刘振奎等数十位名家名师走进"新中一实大讲堂"，将生命教育延伸到家庭，促进家长和孩子的良好沟通。

值得一提的是，学校还积极开展小学初中课程衔接实验，借此探索学段课程与学生身心发展相适应的问题，探索初中阶段人才培养模式改革，探索

九年一贯培养的模式与运行机制。

### 坚持"特色发展",做强做大科创品牌

学校加速推进科学艺体学科提升工程,打造"科学艺体"尤其是"科创"品牌,以课程开发为引领,以信息技术和互联网+教育为依托,坚持科学与人文并重并举,实践技能、创新技能、劳动技能融合为一,构建科技创客、体育与艺术专长特优发展的特色学校。

经过十多年的发展与实践,学校的科创教育已成长为靓丽名片,学校拥有广东省青少年科技创新团队、广东省十佳科技辅导员、广东省科技教育名师等,学校科技创新研究社团、智能机器人社团、无线电测向社团、创新实践社团等多次代表国家、省、市参加青少年科技比赛,获得世界冠军2次,国际奖29项,国家级奖217项,省级一等奖351项。至今已培养包括卢驭龙、邹雪、黄震鑫、彭嘉豪等世界冠军在内的1000多名科技爱好人才。在第四届全国中小学生创·造大赛深圳赛区选拔赛上,学校科创健儿26人获得一等奖,包揽了小学、初中组全部项目的冠军。

科创之外,体艺特色精品项目也不断呈现。体育组开展的校运会气势磅礴、富有创意,艺术组组织的校园艺术节暨元旦汇演星光灿烂、精彩纷呈,美术组举办的"我的校园"师生美术作品展主题鲜明、格调典雅。"让每一位学生在校期间都拥有一个体育艺术的爱好,并得到专业的指导"成为师生共识。

### 坚持"质量取胜",着眼未来学校建设

教育教学质量是学校的生命线,也是学生成长发展的基础和关键。着眼于此,学校始终将教育教学质量作为学校发展的管理目标和工作重心。

学校全面加强教师专业化能力建设。依托集团联合教研,实施资源整合利用。全面推行学案教学,为理论研究和深入实践奠定坚实基础。加强信息技术应用,实现精准、精细教学。校内启动教坛新秀、教学能手、学科带头

人、名教师、特级教师培养对象等系列工程,助推教师成长。省、市、区级课题研究全面开展,稳步推进。

得益于高度重视教师队伍建设的发展战略,教师屡获殊荣。如全国"绿色课堂杯"青年教师优质课观摩展示活动,先后有多名教师荣获一等奖;全国教师信息化技术大赛,先后有多名教师获得一等奖;"四方杯"全国优秀语文教师选拔大赛,1名教师获得一等奖;深圳市青年教师教学能力大赛宝安区选拔赛,学校多个学科教师代表宝安区参加市赛并获奖。

学生全面发展,综合素质得到全面提升。学生连续荣获"阳光少年"称号,多名学生获得"最美南粤少年"、广东省优秀少年队员等荣誉称号。2018年,张凯文同学获得宝安区中考第一名。体育、艺术各项比赛中屡获佳绩、勇攀高峰,在深圳市、宝安区中小学生田径运动会以及艺术展演比赛中荣获多个单项、团体第一的好成绩。

2019年9月,袁卫星入选中国教育学会"未来教育家培养工程",师从朱永新教授及李希贵校长,探索"未来学校"。

"第一是要去中心化,构建联盟关系。学校的权力、年级的权力、学科的权力、教师的权力,边界在哪里?这些要厘清。第二就是扁平化管理,重心下移,让供需有效连接,减少不必要的内部消耗。第三就是建学习中心:生命教育学习中心、科学教育学习中心、学科教学学习中心等。"袁卫星说。一年间,学校先后建立了课程研发中心和教育教学资源中心。"这些中心都是为更加科学有效地进行学校治理,快速提升教育教学质量服务的。"袁卫星说。

(红袖子整理)

/ 管理实践对话 /

# 用教育的理想，办理想的教育

教育理想怎样跟现实接轨？怎样找到教育理想与现实的平衡点？如何实现教育理想与现实的统一？这些问题是很多校长不断反思和探索的。校长袁卫星都做了些什么？

**问**：很多认识您的人都说，您是"一个坚定的理想主义者"，从教几十年，您的教育理想是什么？担任校长后，您怎么去践行自己心目中的教育理想？

**袁卫星**："每个孩子都学会走路""每位老师都成为学生生命中的贵人""每位老师都能自觉、坦然、骄傲地戴着校徽走出校门"，当我说出这些教育理想时，你也许会说：笑话，我们的学生哪个不会走路？当老师的戴着校徽走出校门有那么难吗？

在现实中，不知道大家有没有观察过：家长把孩子送到学校，孩子下了车有没有和他们道别并说声"谢谢"？校园里迎面遇到老师，孩子有没有行礼说一声"老师好"？如果孩子的爸爸妈妈开"负气车"、从车窗扔垃圾，孩子怎么办？大街上看到老爷爷、老奶奶摔倒了，孩子扶不扶、怎么扶？……所以说，走路，关乎文明，关乎伦理。

怎样在日常生活中让我们的孩子学会做人，这才是今天我们除分数之外，教育要面对的根本问题，才是"教育即生活"的最好说明。衣、食、住、行，既与知识有关，更与体格、能力、审美，以及价值观有关。教育的目的是培养人，既然是培养人，那么，从受教育者的生存、生活和生命出发，他的生命成长、人生发展就离不开五个系统的健全发育。这五个系统，就是体格系统、知识系统、能力系统、审美系统、价值系统。而分数教育存在的问题是,过度强调知识系统和能力系统的构建,而对其他三个系统有所轻忽。即使是知识系统,有时候也是死知识而不是活知识,是冷认知而不是热认知。而能力系统也不完整,如学生生命成长必需的生存能力、生活能力,就比较缺乏。

这几年,我们致力于研究并实践生命教育,围绕人的自然生命(长度)、社会生命(宽度)和精神生命(高度)展开教育,旨在引导学生认识生命、珍惜生命、发展生命,拓展生命的长宽高,让有限生命实现最大的价值,让每个生命成为最好的自己。我们还十分注重体育,最终就是为了实现"让每个学生成为最好的自己,过一种幸福完整的教育生活"的教育理想。

在我看来,每位老师都成为学生生命中的贵人。这也是我的一个教育理想。

如何关爱每一个孩子,尤其是特殊学生,新中一实有一些具体做法。比如,定期家访,全面推行成长导师制。导师制实行双向选择和网格式管理,真正做到全员、全方位、全过程地对学生进行帮扶。延时服务,365天不闭校。在延时服务和暑期托管推广之前,新中一实就以党员干部带头,全面开展课后延时服务、暑期托管工作,开了科技类、体育类、艺术类、生活类、文化类近百门素养课供学生选择。365天不闭校,致力于把学校打造成社区学习的中心。

新中一实开办了"新父母学校",开设了线上线下融合、家长可选择的家庭教育课程"菜单"。还开设每月一次的电影大课程、每周一次的电影小课程,让学生和家长通过电影来思考教育,获得启迪。开通24小时心理援助热线,为家长、学生提供教育力量支持或专业疏导。开设工作坊,对特殊家庭的家庭教育进行正向引领。

"每位老师都能自觉、坦然、骄傲地戴着校徽走出校门"也是我的教育理想。

有一年教师节前,我给家长写了一封信——《教师节:理解和尊重是最好的礼物》。此信被《南方都市报》率先转载,继而被今日头条、《中国教育报》、凤凰新闻、百度新闻、搜狐新闻、网易新闻等媒体纷纷转载，引起社会广泛关注，仅《南方都市报》客户端的阅读量就接近 700 万，全网超过 1000 万。这说明，我很平常的一封信触动了社会痛点。众多评论中，老师们对"理解和尊重是最好的礼物"这句话多有共鸣。那么，怎样理解和尊重教师？我认为理解和尊重教师当从校园里开始，从校长做起。

新中一实提出"文化立校、课程育人、特色发展、质量取胜"的办学思路。其中学校质量可以从两个维度来看：一个维度是学生的学业性质量、发展性质量和生命性质量，另一个维度则包括了德育质量、教学质量、管理质量等。而管理质量的核心就是人性化、精细化。

虽然说"火车跑得快，全靠车头带"，又说"一所好学校离不开一个好校长"，但我们都知道，没有好的铁轨，再好的火车头也开不起来；没有好的车厢，再好的火车头也拉不了东西。好的铁轨，在我看来就是好的政策，好的环境氛围；而好的车厢，就是校园里尊师重教的小环境、小氛围。我们尊重一线教师，尤其是班主任、毕业班教师，尊重他们的艰苦工作，将学校管理工作重心下移，和他们站在一起、干在一起。我们搞美丽办公室评选，搞骨干教师"再出发"座谈会，我们确定每位老师每学期至少外出培训一次，我们争取了成倍增长的各级课题让更多的老师做"实践的研究者，研究的实践者"……这些，我认为都是搭平台、创环境、助发展、树尊重。

当然，要让老师自觉、坦然、骄傲地戴着校徽走出校门，走在大街上，需要三个方面的达成：一是教师的社会地位、福利待遇真正落到了实处，得到了提升，教师真正成为全社会羡慕的职业；二是教师的自身修养得到进一步提高，真正做到"学高为师，身正为范"，成为人之楷模；三是把学校办好，办成群众口中、家长心中、学生成长路程中的好学校，教师以学校为豪。

**问：**您有一个观点是，校长要"面向未来，做文化的建设者、课程的引领者"，您是怎样去践行的？

**袁卫星：**在新中一实任职时，我主要从以下两个方面着手。

一是从制度的订立者转向文化的建设者。

学校文化是学校发展的灵魂，是凝聚人心、展示学校形象、提高学校文明程度的重要体现。

学校文化对师生乃至家长的人生观、价值观产生潜移默化的深远影响，而这种影响往往是任何课程都无法比拟的。学校文化不一定有具体的形态，却牢牢地植根在师生内心，融在师生血液并清楚地显现在师生的话语和行为气质中，与学校中人和事密切相连。

2019年，我有幸入选中国教育学会"未来教育家公益培养工程"。李希贵校长在学校文化建设方面给了我极大的指引。他说他刚到北京十一学校的时候，遇到的第一个纠结点就是，在全校教职工大会上有好多老师批改作业。负责考勤的老师和主管考勤的干部找到他，问这件事怎么办，他们希望制定更加严格的制度来管理甚至杜绝这件事。但是，在十一学校的价值观里，有这样一句话："把学校办成教职工心灵的栖息之所，教职工的幸福家园。"并且教育工作者不断地在说："要一切为了学生，为了学生的一切，为了一切学生。"当时，李校长就跟他们商量："我们能不能把每个星期的会减少？"他们非常有顾虑，说一旦减下来，以后再想增加就很难了。李校长说："为什么要增加？"最后形成的新制度是：十一学校在学校层面除了校长，别人无权开会。原则上每个学期就开一次大会，而且是老师自愿参加。

这给我很深的启发：当我们的制度和文化冲突的时候，我们到底要什么？在李校长的引领下，我们学校开始明确办学理念：育人为本，和谐发展；让每个生命成为最好的自己；过一种幸福完整的教育生活。开始确立学校的核心价值观：做自己，做好自己，做最好的自己；校园即家园，学园亦乐园；让成长看得见。开始有了愿景和使命：办一所受人尊敬、令人向往的百年老校；激发生命内驱力，拓展生命长宽高，为每个人全面而富有个性的发展提供支撑和帮助。开始制定"十四五"战略目标：文化品位高端——打造园林式书院，校园充满生命的气息、书香的味道、文明的风景；名优教师集聚——形成名优教师引进和培养机制，骨干教师占比全区领先；教育质量优异——获得初中教学先进单位、优质均衡教育示范校称号，义务教育质量监测、初中毕业生普高升学率全区前列；学生发展适切——生命教育领跑全国，科创教育示范全省，体育艺术全市领先，学段衔接展开实验，学生发展全面而有个性。

其中，我们把园林式的环境、书香气的校园、书院味的教育确立为"文化立校"的方向与目标，以打造"园林中的书院"为指导思想，大力推进校园环境综合提升工程，让校园充满生命的气息、书香的味道、文明的风景。我们十分重视师生阅读环境的构建、阅读氛围的营造、阅读活动的开展，将图书"请"出图书馆，构建泛在学习的环境，将学校建成图书馆，把学生变回读书郎。学校把7万多册馆藏书结合学生年级及教师阅读实际分门别类设置在各个楼层的中庭及走廊边墙壁柜上，全面开放，自主管理，不设借阅条件和环节，让书籍成为流动的生命。师生可以随手取阅，无需任何手续，归还全凭诚信和自律。

同时，学校致力于改造提升原有图书馆功能实效，打造集学术、沙龙、阅读等于一体的概念图书馆，借此引导师生及家长在浓郁的书香氛围中，得到精神的成长，成为精神明亮的人。学校将原有的图书馆改造一新，办成宝安图书馆新中一实分馆，使宝安首个馆校共建项目落地新中一实。学校图书馆由宝安区图书馆配书1.5万册，每月一更新，使分馆借阅书目实际可达300万册，极大地丰富了学校图书资源，也使图书结构更为合理。图书馆周一到周五向学校师生员工开放，周六周日以及寒暑假向社区、社会开放，学校365天不闭校，成为社区阅读的中心、学习的中心。馆校合作示范项目，使学校图书馆先后获评宝安区、深圳市最美校园图书馆荣誉称号。本人也有幸忝列2020年中国教育报推动读书十大人物之中。

二是从课堂的聚焦者转向课程的引领者。

我们聚焦课堂教学改革，推动课堂教学变革，建立基于情境、问题导向的互动式、启发式、探究式、体验式等课堂教学，注重加强课题研究、项目设计、研究性学习等跨学科综合性教学。同时，建立泛在、灵活、智能的教育教学服务新模式,通过大数据、人工智能精准掌握学情及个体差异,构建线上线下混合学习共同体,精准评价课堂教学,实现规模化教育与个性化培养有机结合。

但在新的时代背景下,我们还应当把目光伸向课程。课程是学校的核心竞争力,也是发展学生核心素养的关键。我们遵循基础性、选择性和时代性原则,基于时代发展需要、地域文化背景、学校办学传统,在开齐、开足、开好国家课程的前提下,通过对国家课程、地方课程的拓展和校本化,先后成立学校生涯规划指导中心、生命教育指导中心、科技创新教育指导中心、体育艺术教育指导中心、教育教学资源中心等,逐渐形成多元化、多层次、多样性课程设置。"多元化"指课程类别多元化,分必修、选修、活动三类,必修课创名牌,选修课讲特色,活动课有情趣。"多层次"指依据学生学习能力、知识水平、掌握程度、个人兴趣等进行分层,打破常规教学班模式,进行增修(加深、拓宽)、辅修(复习、巩固)、补修(补缺、矫正)、选修(自主、择取)等。"多样性"指教学形式多样性,可以是集体性活动,也可以是个别化活动,可以让学生自学,也可以由教师导学,还可以聘请专家学者来讲学。

我们加强科学顶层设计,聚焦办学目标和育人理念,制订了《新安中学(集团)第一实验学校课程建设方案》,开发了"三色课程图谱"。

为深入贯彻落实习近平总书记在全国教育大会上的讲话,推动学校体育与健康教育的改革与发展,学校还研究制订了《新安中学(集团)第一实验学校"体育1+N"特色发展实施方案》,全面实施体育特色发展自选课程,即在课内外体育与健康教育活动中,学生可以根据自己的兴趣爱好去选择体育项目,让每个学生在小学教育阶段能够掌握两项终身受益的体育运动技能。这是为实现"让每个学生都有体育锻炼的爱好,并得到专业的指导"的目标,并最终实现"让每个学生成为最好的自己,过一种幸福完整的教育生活"。

现在我到宝安中学(集团)任校长,我将探索"未来学校",进行去中心化、扁平化管理、建学习中心（生命教育学习中心、科学教育学习中心、学科教学学习中心等）。

**问**：作为新任校长，到一所新校，您如何打开局面？

**袁卫星**：新任校长如何迅速打开局面？新任校长如何做好新旧衔接？新任校长如何改革创新？作为一名正职校长资历尚浅的管理者，我的思考是，把《义务教育学校校长专业标准》（以下简称《专业标准》）作为安身立命之本。

2013年，教育部研究制定了《专业标准》，详细说明了校长的六项专业职责：规划学校发展、营造育人文化、领导课程教学、引领教师成长、优化内部管理、调适外部环境。我觉得这六项专业职责是一名新校长立足、立身、立业的根本，从中也能看出一名新校长在"继承与发展"方面所秉持的态度。这里着重说三项。

### 1. 营造育人文化：让传承看得见

学校文化是学校发展的灵魂，是凝聚人心、展示学校形象、提高学校文明程度的重要体现。前面说过，学校文化对师生乃至家长的人生观、价值观产生潜移默化的深远影响，而这种影响往往是任何课程都无法比拟的。基于此，我认为，在"营造育人文化"这方面，尤其要体现"在继承中发展"。

到深圳后，我首先到任的是新中一实这所九年一贯制学校。经过全体师生的共同讨论，我们确定办学理念为"育人为本，和谐发展"，愿景为"办一所受人尊敬、令人向往的百年老校"，使命为"激发生命内驱力，拓展生命长宽高，为每个人全面而富有个性的发展提供支撑和帮助"。这些都是集团，以及这所学校在并入集团前已有的文化，有的已形成文字，有的虽然没有形成文字，但已成共识。这就是"继承"。

"发展"是什么呢？我们新增了核心价值观：做自己，做好自己，做最好的自己；立德树人，让成长看得见。因为我们认为，核心价值观是学校用于指导教育教学行为与管理活动的最高价值标准与原则，是每个师生为人处世的最高价值导向，也是学校提倡什么、反对什么、赞赏什么、批判什么的精神体现。我们还明确了"十四五"期间学校的战略目标。学校的"战略目标",从某种意义上来说,也是校长的"任期目标"。

### 2. 领导课程教学:让领导更有力

一名新校长,要在学校迅速打开局面,我觉得一方面要做像"领导",另一方面要具有"领导力",尤其是在课程教学方面。因为,课程是学校的核心竞争力,也是发展学生核心素养的关键;而教学工作,毫无疑问是学校的中心工作。那么,什么是领导?"领"是带领、率领、引领、统领的意思,"导"是指导、引导、教导、辅导的意思。一段时间下来,新校长可以问问自己,你"领"了哪些,"导"得如何?此外,什么是领导力?领导力指在管辖的范围内充分地利用人力和客观条件,以最小的成本办成所需的事,提高整个团体的办事效率的能力;领导力是一种人格魅力,而不是权力;有权力的领导者不一定有领导力。

初任新中一实校长时,我曾一度带班语文,坚持在课堂,觉得站在讲台上的自己才有"生命的绽放"。但随着学校事务日益繁多,各种会议层层挟裹,作为语文教师,我带教完整的教学班渐觉不能。因此,无奈之下开出我个人的课程"菜单",服务于全校,并且声明,各班、各科组、各级组、家长委员会如有需要,欢迎"点菜"、邀约,只要时间允许,一定认真备课,倾力完成,争取每个班每个科组都能去到。

当然,更重要的是,一个学校需要一个课程图谱,以使国家课程校本化实施、校本课程特色化开展。学校加强课程教学,在开发特色课程方面进行了有效探索,并取得了一定成效。

### 3. 优化内部管理:让权力有边界

新校长到任最忌讳的,我认为是"三把火"烧得不着边际。那么,这个"边际"是什么呢?除国家政策法规外,有两项我觉得是校长的"紧箍咒":一是学校章程,二是教工代表大会、学生代表大会、家长代表大会。学校章程是学校的"宪法",是连接教育法律和学校规章制度的桥梁和纽带。学校章程受制于法律的强制性规范,对上承接国家法律、法规,使之具体化;对下统领学校内的各种规章制度，规定着一所学校重大和基本问题，是学校依法自主办学的保障，是办学合法性的体现。校长所做的一切，首先应当遵循学校章程。在推进教育"管办评"分离改革过程中，政府简政放权，将越来越多的教育管理权限下放给学校，校长要用好这个权限，就要自觉戴上学校章程这个"紧箍咒"。同时，现代学校治理的主体应该是多元的，教工代表大会、学生代表大会、家长代表大会，应该和党政联席会（校务会）一起，实现多元共治。

**问：** 办学理念最终落实到每一个孩子的成长上。在助力孩子成长上，您的理念是什么？

**袁卫星：** "让每个学生成为最好的自己。"在管理过程中，学校首先强调的是这一点。我讲一个故事吧。

小睿是一名特殊儿童，患有严重的自闭症，智力仅相当于幼儿。家长发现他有音乐天赋，十多年坚持不弃。2017年，新中一实接受了这名孩子入学，随班就读初中。在老师们的鼓励和支持下，他进步飞快，架子鼓水平已经达到Rockschool现代摇滚音乐六级水平，2018年参加第六届深圳打击乐比赛荣获"优秀奖""最佳表现奖""魅力鼓手"，2019年参加九拍中国未来之星广东赛获全省少年组铜奖（排名前十）。他是深圳市爱特乐团的主力鼓手，每年都参加深圳飞扬971电台举办的"星星音乐会"，还经常外出参加社会公益演出。在生活中，他学会了做一些力所能及的事，如洗衣服、晾衣服、拖地、煮饭、炒菜等。毕业的时候，他给所有老师画了一幅画，表达对老师们的感恩之情；同时还在学校慈善活动中义拍他的作品，拍卖所得用于支持留守儿童教育。

小睿只是众多融合教育成功案例之一，他的一系列经历说明，社会、学校、家庭需要为这些孩子的成长创造包容、共生、和谐、共享的环境，这也是我们努力创设和践行的方向。

我任职新中一实校长后的第一件事就是请班主任将上课趴台的学生调至教室第一排，调回对这些孩子的关注，调出孩子的自尊和自信，对每一个学生不抛弃、不放弃。学校曾经有两名特别的学生，由于特殊家庭原因产生了厌学情绪，经常旷课甚至违纪，让老师头疼。我将这两名学生聘为"校长助理"，协助管理全校学生的校内外安全，并带学生去职业学校参观，为他们指引升学出路。最终，两人顺利毕业。另外，有一名因为家庭原因严重抑郁、休学三年的学生，学校接纳了他，我们从助力家庭教育、帮助家长成长、疏导学生心理抓起，这名学生不仅走出抑郁，融入家庭，融入班级，融入集体，而且学业进步非常快，最终被广东省一流艺术学校附属中学提前录取。

  一个孩子要长大成人，进而长大成才，在我看来，从孩子的生存、生活和生命出发，离不开五个系统的健全发育，那就是体格、知识、能力、审美、价值系统。我们不能过度强调知识系统和能力系统的构建，而对其他三个系统有所忽略。中高考成绩，我认为需要交给时间去洗涤、去历练，看最终能否"吹尽狂沙始到金"。如果今天以高分进了名校，但没有责任担当，没有正确的价值观，也成不了中国特色社会主义事业的建设者和接班人，成不了中华民族伟大复兴的生力军，只是一个"精致的利己主义者"，这样的人也走不远。

（红袖子整理）

/ 管理特色 /

# 践行理想的新生命教育

宝安中学（集团）、新中一实均成立了生命教育研究与指导中心。创设生命教育专设课程，持续性、常态化、进课表、入课堂，形成了以专设课程为主导，专设课程与其他课程的教学及各类教育活动有机渗透、相互配合、共同推进的生命教育实施机制。推进包括成长导师制、新父母学校、生命教育课堂进图书馆、构建"一体三翼五平台"体验式生涯教育课程体系等制度实践。

### 成长导师制

实行双向选择和网格式管理，真正做到全员、全方位、全过程地对学生进行帮扶。对于特殊学生，学校更有特别安排，通过家访、座谈、辅导等多种方式，努力创造温馨氛围，让导师成为他们成长道路上的倾听者、知心人、引路人。设置家访周，从行政到教师，个个参与，全面开展家访活动。对特殊家庭学生，一般都是校级领导或下级行政、年级主任带队进行家访。

### 新父母学校

为进一步加强家校联结，促进家校同育，学校开办了"新父母学校"，多次组织家长培训。同时，学校利用"云校通"平台，建立了"家长学堂"栏目，定期发布家庭教育文章。在平台中家长用手机便可以了解到学生在校表现及学业评价等，方便快捷。学校开设了每月一次的电影大课程、每周一次的电影小课程，让学生和家长通过电影来思考教育，获得启迪。学校还开通24小时心理援助热线，为家长、学生提供教育力量支持或专业疏导。开设工作坊，对特殊家庭的家庭教育进行正向引领。

### 延时服务，365天不闭校

学校全面开展课后延时服务工作，开了科技类、体育类、艺术类、生活类、文化类近百门素养课供学生选择。学生在双休、节假日可以回到学校，在图书馆阅读、自习、作业；学校还提供教师志愿者辅导服务，365天不闭校，致力于把学校打造成社区学习的中心。

### 把学校建成图书馆

将图书"请"出图书馆，构建泛在学习的环境。藏书结合学生及教师阅读实际，分门别类设置在各个楼层的中庭及走廊边墙壁柜上，全面开放，自主管理，不设借阅条件和环节，师生可以随手取阅，无需任何手续，归还全凭诚信和自律。同时，改造提升原有图书馆功能实效，打造集学术、沙龙、阅读等于一体的概念图书馆，与宝安图书馆合作，极大地丰富了学校图书资源，也使图书结构更为合理。

### 校长课程"菜单"

校长课程"菜单"包括语文课：课内阅读《乡愁》《秋天的怀念》《老王》《端午的鸭蛋》《孔乙己》《我的叔叔于勒》《茅屋为秋风所破歌》《狼》《记承天寺夜游》《与朱元思书》，课外阅读《就是那一只蟋蟀》《半边山塘》《怀念红狐》《安恩和奶牛》《一碗阳春面》《送友人》《始得西山宴游记》《泰坦尼克号（节选）》，作文系列《初中作文起步》《初中作文升格》《初中作文化境》讲座，讲座系列《阅读这件事》《作文这件事》《浅谈语文深度学习》；包括电影课：《美丽人生》《肖申克的救赎》《放牛班的春天》《银河补习班》《照相师》《寻梦环游记》《岁月神偷》《三傻大闹宝莱坞》《小萝莉的猴神大叔》《贫民窟的百万富翁》；包括科组、级组建设：《从现在开始，办一所百年老校》《教育转型背景下的学校发展》《当前教育领域综合改革》《读书与教师专业成长》《教育科研与教师专业成长》《教学反思与教师专业成长》《基于学生发展核心素养的新生命教育》《做孩子生命成长中的"贵人"》《诗意的呼唤与语文的回归》《做一个理想教师》；包括家庭教育：《今天怎么做父母》《拓展学生生命的长宽高》《做孩子生命成长的守护神》《好妈妈胜过好老师》《好爸爸胜过好妈妈》《共读、共写、共同生活——过一种幸福完整的教育生活》等正式出版图书或讲座……

### "一体三翼五平台"

学校探索出一条以专设课程为主导，专设课程与其他课程的教学及各类教育活动有机渗透、相互配合、共同推进的生命教育实施机制，构建出"一体三翼五平台"体验式生涯教育课程体系，即以生涯课堂为主体，生涯测评、生涯体验活动与生涯咨询为三大助力，常态化推进职场人士大讲堂、毕业生交流会、走进大学或职场、生涯人物访谈和模拟招聘会五个平台的生涯体验活动。

（红袖子整理）

# 学者校长王九红和江苏省南京市天正小学教育集团

**王九红**

南京市天正小学教育集团总校长。正高级教师（二级），数学博士，特级教师。江苏省中小学教师培训学会学校和校长发展专业委员会理事长（小学）等。江苏省"333"高层次人才培养工程第二层次培养对象（中青年领军人才）。

文化对于一所学校意味着什么？衡量一所学校办学优劣的指标有多种，但是，没有文化底蕴的学校一定不是一所好学校。

学者校长王九红引领的天正小学的文化，有着独特的精神内核，那就是"童心即天，爱心至正"关照下的"敬天正人"体系构建。

如天正的校风"行止有章，思想无疆"，既有奇思妙想的思想无疆，又有规范、遵守制度的行止有章。

"眼前发生的，是一本最好的人文教育教科书；最了解孩子们的校长，是这本教科书的解读者。"走近王九红这个解读者，走进天正，你就能对"文化立校"有更深刻的认知。

/ 印象王九红 /

## 解读者王九红

"九红校长一直是我所敬佩的一个人,从一名中师生,成长为数学特级教师、数学博士、校长,研究不辍,天道酬勤,天道酬正,他用才智和行动,向我们诠释着一个教育工作者可以刷新的一个个新高度。"天正小学第一任校长、现任南京市审计大学实验学校校长的谢晓富这样评价王九红。

写这篇文章前,我没有见过九红校长,却隔空感受到了他的学者气。

在策划这本书时,江苏的朋友向我推荐了他。电话那端,九红校长语气谦和地说,他知道我,看过我出版的书,很愿意参与此次约稿,当即约定了给我材料的时间。

打开他如期而至的材料,如同一次学术盛宴洗礼,他对教育教学和学校管理的理念与践行,梳理得精准且有血有肉。如英国哲学家培根所说:"读史使人明智,读诗使人灵秀,数学使人周密,科学使人深刻,伦理学使人庄重,逻辑修辞使人善辩。凡有所学,皆成性格……"对于未曾谋面的九红校长,我在整理他的材料过程中,对他又多了更多了解,理解了他为什么能从一个中师生成长为数学特级教师、数学教育博士、集团校总校长。

他在不同场合都对学生说过这样的话:"我们的每一位同学要敬天正人,行止有章。适合发展,追求卓越。做更好的自己,我们能行!"

他对"做更好的自己"的理解是:第一要"好",就是要做一个好人,人品正、善学习、会做事;第二要"更好",就是比自己以前做得好;第三要"一直好",要一辈子坚持好下去。

对于天正小学校风"行止有章,思想无疆",他是这样解读的:什么是思想无疆呢?这是说在学习上,我们可以有奇思妙想,甚至可以匪夷所思。

想象可以上天入地、任意东西，这就是思想无疆。思想无疆的前提是行止有章，这就是说我们在行为上不能乱来，要有规范，要遵守制度。

"眼前发生的，是一本最好的人文教育教科书；最了解孩子们的校长，是这本教科书的解读者。"在网上浏览关于九红校长时，看到他参与的"校长夜话"栏目中有这么一句话。窃以为，九红校长这个解读者，无愧于天正。

（雷 玲）

**校长语录**

- 学校文化发展的首要工作是确立学校文化的精神内核。

- 一所学校一旦形成了一种积极的文化，那么每一位教师就会自发地成为一种影响别人的积极力量，而无须施加外力。……文化领导的关键在于在组织中确立一种核心价值观，进而将这种价值观具体化为组织的愿景，这样就可以通过看得见的愿景来激发、引领全体成员奔向这一目标。

- 学校文化建设的目的不仅指向学校内部的育人功能，还要指向对外部社会（区）积极的文化影响力。这种影响力不仅是学校单向地朝着社会（区），而且是社会（区）对学校也产生作用，两者在互相协作过程中彼此成全、互相影响。就学校的文化建设而言，要充分挖掘和发挥社区资源的价值，促进师生的发展，提高学校的品质和声誉。

- 学校的文化建设是一种校本的建设，即基于学校具体情况——生源特点、学校历史、学校定位、办学条件、领导者风格、教育的理解（意愿）等，依靠学校的发展主体——校长（领导团队）、教师和学生及其家长进行的文化发展。学校文化建设不能仅依靠行政命令推动，也不能依靠运动式速成，它需要通过理论和思想的溯源，厘清与提炼，也需要在实践中一点一点地积累来实现。

● 在学校文化建设上往往过分借助外力，还美其名曰"专业化""追求品质"。小到学校的图标设计和板报制作，大到校园景观设计与环境布置，都要请专业人员和专门公司制作。学校文化建设的主体本是全校成员，师生既是学校文化建设的劳动者，又是其受益者——师生在文化建设中付出了自己的才智和劳动，得到了德智体美劳多方面的成长。这种动辄让别人参与甚至完全代替自己的做法实不足取。

● 学校文化建设是一个漫长的过程，不可能一蹴而就，这个过程实质是学校全体成员借以发展的机会和平台，建设的匆忙化剥夺了师生的这种机会。师生建设学校文化，反过来学校文化又浸润师生，两者相互积极影响，这种相互影响实质就是一种教育过程。并且，过于匆忙的文化建设难以保证品质，只能像快餐一样"垫肚子"，而不能成为美食。进一步地，匆忙化还由于考虑不周往往造成诸多的浪费。

● 学校文化是学校全体成员在长期发展过程中积淀而形成的全校成员的教育实践活动方式及所创造的成果的总和，它是一所学校发展水平的标志。

● 好的教育有利于智慧的发展，不良的教育条件有可能限制和压抑人的智慧发展。只有智慧的教育才能培养出智慧的人，只有智慧的教师才能养出有智慧的学生。同样，只有智慧的校长才能带出有智慧的学校。

● 从管理的角度看，学校中的教师具有双重身份：于校长和其他管理者而言是被领导者、被管理者，于学生而言则是教育者和管理者，具有行政的权力和责任。从这个角度说，全体教师和干部都是学校的管理者。

- 一位好校长若想办成一所好学校，他首先得要带出一个好的领导班子，再由这个好的班子去引领出一群好的老师，最终由这群好的老师教育出许许多多的好学生。显然，好的领导集体和好的教师团队是办好一所学校的中坚力量。
- 领导力不是坐而论道产生的，而是在摸着石头过河中产生的，是在潜能激发中形成的。

/ 印象天正小学 /

## 童心即天，爱心至正

　　文化对于一所学校意味着什么？衡量一所学校办学优劣的指标有多种，但我想，没有文化底蕴的学校一定不是一所好学校。

　　天正小学从 2007 年创办至今，14 年时间，从 9 位老师、62 名学生到现在 1500 多名学生的规模；从偏安一隅的一所新学校，到现在有美誉度、好口碑、高质量的教育集团领衔校，成功的重要因素之一，离不开九红校长践行的文化崛起。

　　天正小学的文化，有着独特的精神内核，那就是"童心即天，爱心至正"关照下的"敬天正人"体系构建。

　　"敬天"，是对自然、对规律的敬畏，更是对发展中儿童的一种尊重，让儿童成为独特的自己，成为站在中央的一个人。儿童不是成人的附庸，童年也不是成人的准备期。因此，童年如春天里的花瓣，轻盈地、自由地绽放、飘舞。"正人"，是对道德的坚守，是中国传统文化中正气、正义的弘扬。"天行健，君子以自强不息"，每一个天正人，堂堂正正，行走于天地之间，一身正气，勤恳谦逊、光明磊落。从校园环境中行健亭、贵早园的布置，到"大树移不得""我的校歌我做主"等，文化渗透于教育的每一个细节之中。

　　课堂作为教学的主阵地，天正小学"我课堂"建设，成效颇丰。

　　九红校长作为一个学者型的管理者，他是用科学的精神、严谨的态度，在研究、探索并及时总结反思，每一步都是那样的扎实、高效。天正的教师也是一群有理想、有追求的教育者，他们有爱心、有智慧，他们在各自的专业领域里精进、上进，能吃苦，不计名利，默默奉献。团队成员互帮互助、和谐共进，同事是伙伴，也是家人。在天正工作，是一种幸福，置身其中，如沐春风，很是舒畅。

  孩子在天正，也是幸福的。他们是集体的小主人、学习的主人、生活的主人。童年对于每一个人来说，只有一次。童年短暂、易逝，童年美好又让人留恋。围绕童心，老师们做了很多事情。每一个孩子在天正的童年，是快乐的，增长了才干，锻炼了能力，个性特长也有所发展，他们在天正的底色是那样明亮又多彩。

  如今，天正团队在九红校长的带领下，无论是办学规模还是办学品质，都得到了长足发展和提升。"十年磨一剑"，天正的学生、老师都在更高的平台上绽放着各自的精彩。我也带着天正文化中熏陶出的一种特有的精神追求，继续在教育岗位上砥砺前行。

  祝福天正，祝福大家，越来越好！

（谢晓富，天正小学首任校长，现任南京市审计大学实验学校校长，<br>曾任南京市鼓楼区教育局副局长）

**校园文化**

  天正小学成立于 2007 年 9 月，是一所老百姓高度认可的、高质量发展的学校。学生综合素养高，在江苏省学业质量检测中各项指标居全省前列。荣获首批全国体育工作先进示范校，被评为全国青少年计算机科技创新实践教育示范基地、江苏省科技教育特色学校、江苏省青少年科技工作室、江苏省文明校园、阳光体育学校等。学校获国家级教学成果奖二等奖、江苏省教育教学与研究成果奖（研究类）三等奖等。自 2014 年以来，学校连续十年是南京市鼓楼区教育局拿出优质教育资源向全区一年级新生进行电脑派位招生的热点学校，是人民群众高度满意的好学校。

  2023 年 12 月，南京市天正小学教育集团成立。

◎ 办学目标

校园美丽，生活幸福；人才辈出，桃李芬芳；名师云集，学术品味；江苏一流，全国知名。

◎ "天·正"文化

"天"就是要顺应儿童的天性，释放其无穷的活力、天马行空的想象力——思想无疆。"正"就是指学生的行为要正，不偏不倚，符合规范，富有章法——行止有章。

◎ 校 训

敬天正人。

◎ 教 风

诲人不倦，研究不辍。

◎ 政 风

天道酬勤，平心持正。

◎ 学 风

自主勤奋，善思乐学。

◎ 校 风

行止有章，思想无疆。

◎ 校 歌

天正好时光。

◎ 校 标

/ 管理原声 /

# 当前学校文化建设的误区及解径

当前学校已进入内涵发展模式阶段,进一步加强学校文化建设正是这一发展模式的必然要求。但从当前学校文化建设的现实看,存在着诸多误区,这些误区在一定程度上影响了学校文化的健康发展,有必要加以分析以求得解困之道。

## 误 区

### 1. 文化定位上随意化

首先是核心价值观形成上随意化。现在许多校长在学校核心价值观形成上不够慎重,或凭借一己的教育理解简单化地确立学校的办学理念并利用行政权力予以实施,或借鉴别校成功的模式而移植他校文化,或根据领导或专家的意见不加分析地予以接受,凡此等等。

其次是办学特色选择的随意化。现在很多人提倡特色办学,要办"合格+特色"的学校,甚至是"一校一特色"。为了这个"特色",大家或挖空心思,或广泛寻觅。往往急不可待之下只好饥不择食,随便弄点特色。

### 2. 建设着力上片面化

学校在下大力气进行文化建设工作中存在片面化的现象。在物质和精神文化的维度上,重视校园物质文化的建设,热衷于大兴土木,搞视觉冲击。忽视教师身为人这一因素在学校文化建设中的重要作用,不善于提高教师的积极性,投资不足。在学与教的维度上,重教而轻学,对师德建设,因师能提高而抓得很紧,但是,对学生的思想道德、人格健全、良好学习态度养成、学习心理研究等方面重视不足。

### 3. 建设主体上弱化

学校文化建设的主体是学校的全体师生，然而现在许多学校的文化建设往往过分借助外力，还美其名曰"专业化"，曰"追求品质"。学校的图标设计、板报制作要请专业人员和专门公司制作。功能室的设备安装，办公室和教室的布置，卫生的打扫都要搞"服务外包"。

### 4. 建设速度上匆忙化

一些学校文化建设像家庭装修，而且是一站式装修，一切搞定后入住。入住以后轻易不再改变。搞装修就要一步到位，植小树等不及长就直接买大树，越大越好，结果许多大树死了。

### 5. 建设程度上过度化

有些校长要求"每一面墙都要说话"，楼梯的每级台阶都贴了名人格言，每一寸土地全部利用起来，每一根柱子都要挂上学生作品。一步一景，亭榭、喷泉、雕塑、字画，琳琅满目。真是满眼风光，只是乱花已经迷人眼，过度的建设往往导致师生思考和活动空间受到挤压。

这种过度化还导致了文化风格的杂乱化，穿西服着布鞋的现象很多。校长们在外考察归来深受启发，于是甲校的色彩、乙校的造型，别人的形，自己的实，花花绿绿，杂七杂八，全然不顾风格的统一、形实的匹配。

### 6. 建设成本上浪费化

现在仿佛是一个"不差钱的时代"，一些学校的文化投入惊人，凡事追求品位，讲究豪华。请专家一定请顶级专家，搞硬件建设一定要最高的标准；栽树要栽名贵树种，花草要奇花异草；设备要最先进的，装修要最豪华的；设计一个图标要几万元，做一面文化墙上百万元还不算多。真是只要最好的，不怕最贵的。

## 解 径

### 1. 综合考虑文化定位

学校文化不仅是学校的发展目的，也是学校发展的路径与方式，其发展状态是全体师生共同努力的结果，是学校发展水平的衡量标志。因此，学校文化的定位是一个非常重要的事情，需要严肃、慎重、综合考量。学校文化定位主要体现为学校核心价值观的确立和文化特色的选择两个方面。

首先，学校核心价值观的确立是自上而下的顶层设计与自下而上的实践归纳动态平衡的结果。学校核心价值观是一所学校全体成员所公认的，在整个学校生活中成为主流的，占主导地位的最原始、最本位的价值观念。它对学校全体成员的行为具有期待、要求和规范作用，是学校办学目标实现程度的评价准则。正是在它的统领下，学校的文化各种构成——精神文化、制度文化、行为文化和物质文化才能有机地形成一个整体。

对于历史悠久、办学文化积淀深厚的老牌名校来说，其核心价值观早已凝练形成，学校要做的就是与时俱进，将其内涵与新时代的特点进行对接，将其表述的形式进行适合新时代的呈现。对于新建学校而言，必须在新建伊始就对学校核心价值观进行顶层设计，以此对各项工作的开展指明方向，规约其行为，这样才能使学校的发展进入有序发展的快车道。

除却上述两种情况，对于一般学校而言，其核心价值观的形成需采用自上而下的完善设计与自下而上的实践归纳相结合的办法。即要在社会主义核心价值观的指引下，对学校既有的历史文化进行梳理，去粗存精，扬长避短，提出适合当前社会需要的教育价值观。自上而下的设计与自下而上的归纳两者互动，达成一种动态的平衡。

其次，学校文化特色的选择应该基于学校具体的各方因素进行综合考量。学校的发展归根到底是校本的发展，没有哪所学校能超越当地、当时、当人的具体条件。学校的办学特色是学校具体的社区环境（学生及其家庭条件、周边社会生活设施和状态、交通出行条件等）、学校因素（教师队伍、历史积淀、社会声誉、办学业绩、规模大小和设施条件等）和行政部门定位（如公办还是民办、规模是大还是小等）等多方面因素综合形成的。学校都有其独特的办学资源，如能充分挖掘利用则可形成独具魅力的学校文化特色。例如，南京市天正小学就根据自己的校名，提炼出"童心即天，爱心至正"的教育理念、"敬天正人"的校训、"天道酬勤，平心持正"的政风等学校文化内容，有力地推进了学校发展。

总之，学校文化的定位是学校应然的教育理想与实然的教育条件平衡的结果。一味地考虑现实的需要则会陷入极端功利的泥沼，而简单化地仰望理想星空则会在当下踏空摔跤，难以前行。

### 2. 凸显师生建设主体

顾明远主编的《教育大辞典》这样界定学校文化：学校内有关教学及其他一切活动的教育观点及行为形态。全体成员既是学校文化建设的主体，又是学校文化的承载者、体现者。

无论是学校的核心价值观的形成，还是学校精神文化的凝练、制度文化的制定、行为文化的落实、物质文化的施工，都要由全体成员共同参与，或规划制订，或建言献策，或亲自动手，或旁敲侧击，或批评指责，甚至全盘否定。参与方式可以是多样的，观点也可以是五花八门的，但绝不能剥夺大家的权力，仅由校长或少数人说了算。

当然，学校全体成员的共同参与并不否认各个成员在学校文化建设中的地位和作用的差异。首先校长应站在全局的高度，负责学校文化的整体建构，重在负责核心价值观的确立、学校精神文化的凝练、制度文化的制定。教师的工作重心是教育学生，具体为管好班级上好课。课程开发与实施、课堂教学变革、提高学业质量，这些具体行动承载了学校的办学理念、精神文化和制度文化，构成了教师的行为文化风貌。至于学校的校园物质文化建设，则可以在征求学校各方意见后，交由专业的校外人员去施工落实。

一切为了学生，学生是学校文化建设的目的所在，是受益者，也是建设者。多方提供机会和平台让学生参与学校的各项活动，充分发挥其积极性和创造性是现代学校的职责和使命。学生参与学校各项文化建设活动的过程就是受教育的过程，就是价值观形成、人格健全、知识获取的过程。丰富多彩的学校文化建设活动让学生有了充分体验自己是学校主人的机会，让他们的创造潜能得以体现和挖掘。南京市天正小学的校徽设计就充分发挥了全体学生的作用。学校开展了三轮设计海选活动，层层选拔优秀作品，最后集众多作品的优秀因素于一体，形成了现在的校徽形态。

另外，现代社会对学校的开放度要求越来越高，社区成员和家长日益成为学校成员的重要构成。学校要尽力开辟通道为他们参与学校文化建设创设条件。南京市天正小学采取"一主两翼"的学校管理模式，即在校长负责制的基础上辅以教职工代表大会和校务委员会制度。前者协调学校内部关系，发挥教职工的作用；后者主要协调学校与外部的关系，调动社会参与学校管理的积极性。学校每年都召开两次校务委员会，广泛听取委员们的意见，调整、完善各项工作。

### 3. 丰富文化建设过程

有人认为"学校文化建设"这一说法需要进一步推敲。例如，冯建军教授认为，学校文化不是"建设"出来的，而是"生成"出来的。学校文化具有内生性，是生成的产物。也有学者认为，学校文化是在追求中产生的。学校文化是通过设定一种追求的文化并最终转化为学校文化实践的过程。不管是自身生成的还是人为追求的，学校文化的建设必然是一个合乎规律的循序渐进的过程，任何速成行为都是揠苗助长，其结果只能是劳而无果。

这个过程还是一个持续的过程，换言之，学校文化建设只能是立足于过去，望眼于未来的现在进行式。学校文化建设的目的不只是想得到某个结果、某种既定状态，更是作为一种路径和平台，承载着学校全体成员不断在教育的道路上前行。全体成员在付出心血汗水的同时，也从中获得身心的发展，学校文化的建设过程也是全体成员文化认同和内化的过程。师生建设学校文化，反过来学校文化又浸润师生，两者相互积极影响，这种相互影响实质就是一种教育力量。南京市天正小学的校风是"行止有章，思想无疆"，其形成就经历了提出、讨论、诠释、认同和明确的渐进过程：

在天正小学创办的第五个年头，一位干部在上三年级的课时，一名同学很自然地走到讲桌旁扯了张纸巾擦鼻涕，过了一会儿又有一位同学上来撕了很长一条卷纸，径自推开门上厕所去了。这一现象引起了他的思考：我们的课堂应该建立什么样的规矩？这一问题首先被提到了校行政会上讨论，有的人认为这说明了我们天正小学是一所让学生生活其中感到自由的学校，应该保持；有的人认为这样做太随便，会影响课堂教学，应该禁止；还有的认为学生的自由还是要保留的，只是要有一个合适的度。校长没有马上就此问题下结论，而是通过行政会和教师大会向大家介绍国内一些优秀学校的课堂生活样态。经过近两年的思考、酝酿和渗透，最终老师们达成共识：思想应该自由——思维的奇思妙想应该鼓励，想象可以纵横驰骋；行为应该张弛有度，遵守章法。"行止有章，思想无疆"的校风形成后，学校通过标语、口号、会议等形式呈现给学生，最终得到全体师生的认同。

从课程的角度看，学校文化其实是一种隐性课程，以全方位浸透的方式对学生进行潜移默化的影响。课程改革一个重要的方面就是要转变"直奔结果"式的以知识为中心的教学，提倡自主、探究和合作式的学习方式，帮助学生在获得知识的同时还能获得丰富的过程体验，从而对学习产生良好的兴趣。所以，学校的文化建设一定要留有足够的时间和空间让学生充分参与。树要慢慢长大，过于匆忙的文化建设往往因考虑不周而速而不达，只能成为简易品，缺少优秀的品质。

（王九红，原文载《学校管理》2016年第2期）

/ 管理实践对话 /

## 实践中求解"适合的教育"

自 2011 年江苏省南京市天正小学立项江苏省教育科学规划课题"适合的教育理念下学校童心文化建构的实践研究"后,学校从"适合发展每一个"的教育理念出发,构建"敬天正人"的学校精神文化体系,确立"适合发展"的制度,开发丰富多彩的校本课程,建设适合学生发展的课堂,走出了一条实实在在的探索之路。

**问:** 从"正文化"到"适合的教育",学校是怎样将两者有机结合起来并进一步发展的?

**王九红:** 2010 年,《国家中长期教育改革和发展规划纲要(2010—2020年)》(以下简称《规划纲要》)首次明确提出"为每个学生提供适合的教育"。2017 年,中共中央办公厅、国务院办公厅又在《关于深化教育体制机制改革的意见》中明确指出:"营造健康的教育生态,大力宣传普及适合的教育才是最好的教育。"《规划纲要》将"适合的教育"作为未来十年的发展目标。在这一大背景下,作为一所年轻的学校,我们思考:到底应该给孩子什么样的教育呢?

我们认为,适合的教育,才是一所学校最为基本的文化追求。可以说,天正小学的发展,是一个不断探索和实施"适合的教育"的过程。而在这个过程中,学校文化建设的价值定位最为关键。

学校文化是一个复杂的系统,包括精神层面、制度层面、行为层面等。其中,精神层面的文化最为重要,它是一套价值体系,引领和制约着其他层面的文化。显然,构建"适合的教育"的学校文化,其关键是形成一套"适合的教育"的价值体系。具体而言,要让教师形成这样的观念:教育对象方面,关注每一个学生;教育方式方面,采取适合学生的方式;教育目标方面,使学生发展到适合的状态。这就意味着,我们要在既有的三个"一切"(为了一切学生、一切为了学生、为了学生一切)的基础上向前发展:将面向一切学生提升至在关注全体学生的同时关注每个学生,将采用一切行为提升至强调适合学生的行为,将发展学生的一切提升至让学生全面而个性地发展。

2017年建校伊始,我们就本着"源于母体,和而不同"的"正文化"理念,将天正首任校长工作过的琅琊路小学"快乐做主人"的办学思想转化为天正小学的校本化表达,将"童心即天,爱心至正"作为天正教师的教育信念。《规划纲要》提出的"尊重教育规律和学生身心发展规律,为每个学生提供适合的教育",引起了我们的共鸣,"践行'适合的教育'"的办学理念应运而生。

在专家的指导下,我们申报的江苏省教育科学"十二五"规划课题"适合的教育理念下学校童心文化建构的实践研究",于2011年批准立项。由此,天正小学开始了"适合的教育"理念下的"童心文化"的探索之路。

首先,我们在学理上打通"正文化"和"适合的教育"之间的关系。"正"是学生的成长必要条件。一棵树要长得高大,除了需要灿烂的阳光、充沛的雨水、肥沃的土壤等条件,还需要"正"的姿态。如果歪了,长得越快倒得就越快。所以,"正"的品性要求就是适合学生成长的内在要求,学校建设"正文化"就是在做"适合的教育"。其实,天正小学之名就表达了"顺儿童之天性而正之"之意。"天正"就是"适合的教育","适合的教育"是天正小学办学自然而然的选择。

其次,开展"适合童心"的调查研究。我们编写了"为了每个儿童一生的幸福成长——天正小学儿童发展现状及需求调查问卷"。问卷分为"童心德育""童心课堂""童心课程"和"童心文化"四个方面。我们对回收的问卷进行分析,探明了学生对童心德育的认知情况,了解了学生对童心课堂、课程和文化方面的需要。同时,我们还广泛征求了教师们的意见,通过自上而下的设计与自下而上的实践相结合的方法，逐步构建了学校的"童心文化"体系——"一训四风"和发展愿景。"一训"即校训——敬天正人。"四风"即校风——行止有章，思想无疆；教风——诲人不倦，研究不辍；学风——自主勤奋，善思乐学；政风——天道酬勤，平心持正。发展愿景即"校园美丽，生活幸福；人才辈出，桃李芬芳；名师云集，学术品位；南京一流，全省知名"。

以此为框架，我们逐步展开了教师文化、学生文化、干部文化、班级文化、校园物质文化、学校开放文化等学校文化的"下位"文化建设的实践。

2017年，"适合的教育理念下学校童心文化建构的实践研究"课题结题，研究成果《一所新学校的文化崛起》一书获江苏省教育教学与研究成果（研究类）三等奖。

**问**：从"行止有章"到"适合发展"，意味着学校管理制度的变革，学校在实践中如何迈向"适合发展"的治理的？

**王九红**：践行"适合的教育"需要有制度保障。从本质上来说，制度是面向所有人的。如何制定"适合每一个"的制度呢？"适合的教育"的制度必须兼顾统一性和多样化，既要保障适合一类人，又要保障适合每一个人。

首先，学校建立统一的基本规章制度。基本规章制度面向全体学生，每个人都必须遵守。基本之处在于对学生发展的主要方面进行规定，包括思想道德、日常和学习行为等，保证了学生能够成为一名合格的学生。其制定依据主要是国家的法律法规，如《小学生日常行为规范》《中小学生守则》等。

其次，充分考虑学生个性化发展需要。"适合的教育"必须革除"一把尺子量所有学生"的弊病。

我们考虑不同学生的不同需要，为这些需要的发展提供空间，构建适合发展的评价体系。评价目的上，改变唯学业成绩评判优劣的做法，建立发展评价体系。我们既关注学生全面发展的水平，又关注学生个性发展的状况；既看重学生已经达到的发展水平，又重视学生的进步情况，还注意涵养持续发展的潜力。坚持"底线达标准，个性发展不封顶"。评价内容上，在注重三维目标的同时，重视学生个性特长和创造能力的发展，在具体的情境中考查学生的知识运用能力。评价方式上，注重多样化，学生自评、生生互评、教师评、家长评相结合，定性与定量相结合。

我们的校名是"天正"。"天"就是生养我们的大自然及其运行的规律，就是人类的道德规范，就是儿童的天性。这是我们要敬畏和适从的。"正"就是"不歪"，其标准是中华民族优秀的传统道德规范和社会主义核心价值观。"天正"二字合起来，就是要求我们采用适合儿童天性的方式，让他们成为正派之人。

2017年，我们申报、立项了南京市教育科学"十三五"规划课题"适合的教育理念下学校章程修订的实践研究"。通过这一研究，我们将学校原有的《行止有章——天正小学管理制度汇编》升级为《适合发展——天正小学管理制度汇编》。这标志着"适合的教育"在学校管理制度层面的推行。行止有章，体现了我们在学校发展初期的一种管理思维方式，即用各种规章制度约束师生，从而实现师生行为契合规矩、富有章法。显然，这强调了制度的刚性和外部力量，是将师生行为是否符合规定的制度作为管理目标达成与否的判断标准。

换言之，制度成为一种标杆，一种尺度，一种衡量师生行为是否优良的标准。这看似是制度管理的应有之义，但细究起来，这种方式似乎是在追求一种底线的标准——不犯错误——而忽略了师生作为生命主体的尊严和能动性。从尊重师生主体性，激发其主观发展能动性的角度看，在提倡"行止有章"的同时，还要促进师生适合地发展、发展得适合。

"适合发展"的制度建设，遵循的是一种制度文化建设的观念。文化具有弥散性和浸润性，制度文化就是要激发师生内在的主体性，使他们主动、自觉地遵守各项制度。反过来，各项制度的订立，要从师生的共性出发，兼顾其个性。不仅要着眼于管理，还要关注激励。要营造一种制度管理的文化氛围，引导师生从被动地遵守走向主动地维护。在制度落实上，要将刚性的制度柔性地实施，实现制度文化教育人、激励人和发展人的功能。

《适合发展——天正小学管理制度汇编》是对《行止有章——天正小学管理制度汇编》的修订和完善:"深入实施适合的教育"正式在制度上作为学校的办学理念。

最后,运用信息技术赋能适合发展评价。评价是根指挥棒,要切实落实"适合的教育"就要进行评价改革。我们先后立项江苏省教研课题"正成长:小学生德育评价实践研究"和南京市品格提升工程项目"小能手,正成长——天正小学学生品格提升发展工程的构建"。我们将评价内容统整为"各学科类+德育常规类",以"能学"与"正行"为一级指标建立评价体系。学科类评价内容包括"我好学""我会学""我享学"二级指标,全面关注学生各学科的学习态度、思维方法、学习成果上的具体表现。德育常规评价细化为"我体验""我传承""我收获"的二级指标,关注学生在核心价值观、责任感、创新精神、实践能力等方面的具体表现。在此基础上,我们开发"学生综合素质评价平台",通过成长卡,让师生和家长共同参与评价,生成《小能手,正成长——天正小学学生适合发展记录册》,实现"正确价值、正面引导、正在成长"的增值评价,促进学生全面而个性的发展。"小能手,正成长——南京市天正小学学生适合发展评价实践研究"也荣获江苏省和南京市教育评价改革优秀典型案例。

**问**:在国家倡导"双减"的背景下,学校是怎么在"适合发展"中进行课程建设与教学变革的?

**王九红**:"双减"大大扩展了师生在校生活时空,为学生核心素养发展、落实立德树人根本任务提供了充分的条件。进一步地,为"适合的教育"更好地实施创设了良好的生态环境,也对学校教育教学提出了更高要求——减负增效,即在减轻学生课业负担的同时要提高学生学习的效率,增加学习的效益。这对"适合发展"教学提出了新挑战,"适合发展"教学必须进行系统的重新建构。

"双减"下的"适合发展"教学是一项系统工程,系统的核心是"适合发展教学",围绕着它的还有"教学文化""教学制度""技术支持"和"智慧教学理论"四个辅助子系统。每个子系统又有自己的构成和功能定位，彼此相辅相成，统一于促进学生适合发展的理念和行为（详见图3）。

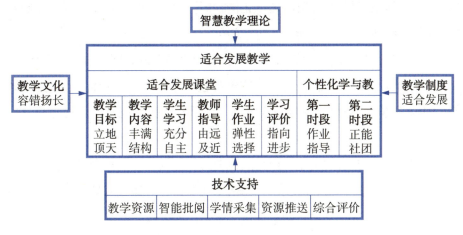

图3 适合发展教学系统

**1. 课内外一体化建构系统的核心——"适合发展教学"**

基于"双减"后学生在校时间延长的情况，我们在原本的"适合发展课堂"外增加了课后服务"个性化学与教"部分，两者共同构成"适合发展教学"这一系统的核心。

"适合发展课堂"是"双减"之前重点研究与实践的内容，已经取得丰硕的研究成果。我们抽取课堂教学的六个要素，即教学目标、教学内容、学生学习、教师指导、学生作业和学习评价进行理论建构，同时通过实践进行检验和归纳，形成"适合发展课堂"操作的"六要领"：教学目标立地顶天、教学内容丰满结构、学生学习充分自主、教师指导由远及近、学生作业弹性选择和学习评价指向进步。操作要领旨在为教师的操作提供一种思路和行为框架，每一个要领都为教师的实践智慧的发挥留有广阔的空间。

"个性化学与教"主要在课后服务阶段进行，具体又分为两个阶段。第一阶段主要是学生完成作业，老师进行指导。我们实行"双师制"策略，即一位老师坐班管理，另一位老师进班进行作业指导和批改，发现问题及时进行个别指导和集体讲评。第二阶段是开展"正能社团",目的是满足学生的个性化需要。我们将原有的60余个社团、"天正讲坛"和各种实践活动进行统整,形成课后服务第二时段的"正能社团"课程。学生自主选择,自愿参加,活动组织形式灵活多样。

"双减"后的"适合发展教学"要打通课内与课外,即"适合发展课堂"的设计与执教要与课后服务进行一体化的思考与实施。具体而言,就是要做到"四多一少",即教学内容更为丰富、学习时间更加充裕、因材施教更加充分、作业形式更加多样和当堂作业时间适度减少。课后服务要紧扣课堂:第一时段要作为课堂的延续,以完成作业为主,教师可以根据具体情况进行适当的深化和拓展;第二时段的社团活动也要尽量与课堂同频共振,即在内容上紧扣教材,进度上保持同步,避免学习内容领域杂乱导致学生的学习负担加重。

**2. 围绕"适合发展教学"核心建构辅助系统**

辅助系统主要包含四个子系统,即教学文化、教学制度、技术支持和智慧教学理论,它们围绕"适合发展教学"这个系统的核心发挥各自的作用。

首先,构建"容错扬长"的教学文化。我们要切实尊重每一位学生的不同特点和禀赋,创建出让每一位学生都能获得满足和成功体验的学习环境,欣赏每一位学生的差异。包容学生的错误,将之作为独特的资源促进学生适合发展。要从业已习惯了的"减负"思维转向"扬长"思维。到医院去的都是病人,医生要做的是努力减少他们的负面因素——病,让他们尽可能地回到正常的健康状态。而进入学校的学生都是正常人,教师的职责是让他们成为更优秀的人,因而需要发现和发展他们的正面因素——长处。当然,学生身上也会有许多负面因素,但是,这种负面因素的减少不是仅仅依靠"治病"的方式就能解决的,用弘扬正能量,激发他们内在正的品性,从而让他们自主、主动地克服负面因素是一种更好的方式。就此而言,"适合发展教学"要充分发掘学生学习活动中的长处,适时进行肯定、表扬和鼓励。

其次,建设"适合发展"的教学制度。教学研究上,要充分研究学生,深入到"不同的人在数学上得到不同发展"的层面研究教学方式方法。课前要充分了解学情,秉持学情是一个复杂的连续体的学情观。多维度了解学情,包括认知特点、学业水平、兴趣状态、习惯品质、文化背景、年龄和性别差异等。在充分了解学情的基础上,深挖知识内容的育人价值,从而确立"顶天立地"的教学目标,让资优生潜能得到最大限度发挥,学困生努力达到国家规定的学业水平。

教学管理制度要鼓励师生突破。提倡教师有自己的"第二套大纲"。苏霍姆林斯基说:"不要让任何一个儿童在低于他的才能的水平上学习。"我们实行的原则是每一个学生在学习中都应达到他力所能及的成就。要防止后进生落后的现象,就必须让天赋高、有才能的学生在他们力所能及的那些学科上和创造性活动领域里超越大纲的界限。我们深信,如果班上有几个学生在研究大纲以外的材料,那么班上就永远不会出现考不及格的学生。

再次,打造支持适合发展的技术系统。人工智能、大数据和信息技术等在今后的教育发展中的作用将越来越大,就"适合发展教学"而言更是如此。南京市天正小学在这一方面的工作主要体现在教学资源库建设、智能批阅、学情收集、资源推送和教学评价五个方面。

最后,提升智慧教学理论。"适合发展教学"最终是通过教师来实施,其实施的效果取决于教师教学的智慧水平。教师智慧教学行为的背后是教师智慧教学的理论修养,就此而言,智慧教学理论构成了"适合发展教学"的指导力量。

**问**:学校的价值体现和课程落实,归根结底要依靠教师的发展,请问学校在教师发展方面做了哪些工作呢?

**王九红**:"适合的教育"呼唤智慧的教师,智慧的教师具有因材施教的能力、随机应变的机智。目前,我国教育中分科课程占主导地位,广大教师往往称自己为某某学科的教师,其指称的教学智慧主要是所教学科知识的教学智慧。进一步看,"教学是以课程内容为中介的师生双方教和学的共同活动"。任何教学活动都是根据一定的教学内容进行的,不存在没有教学内容的教学活动。从这个意义上说，教学智慧只能是教学某一具体教学内容的智慧，离开教学内容，教学智慧就失去了依托。

因此，教学智慧的研究必须深入学科的具体内容层面，才能更贴近教学智慧的本质，揭示教学智慧的奥秘，对于教师及其教学的帮助才更实际、更有效。那种学科缺失范式的教学智慧研究，固然可以揭示教学智慧的普遍原理，具有宏观指导意义；但就业已习惯了学科教学思维方式的一线教师而言，他们更需要具体可感的学科乃至具体内容层面的教学实践智慧。

学生所学的学科知识内容具有能够提供各自发展所需的营养，但这种营养不是自发、直接传输给学生的，它需要教师的加工，这就离不开教师的学科教学智慧。基于学科知识加工的观点，我们提出如下定义：学科教学智慧就是教师依据自己的教学观念，对学生所要学习的学科知识进行转化，使之成为学生能更好学习的知识形态的能力。这种能力是一种高级的综合能力。它是教师整合了知识、经验、情感和信念等多种因素之后，融通而成的一种实践智慧，是为了实现正当的目的而实施恰当行为的能力。

为了发展教师的教学智慧，我们立项了多项国家级、省级课题，通过课题这个抓手，我们在理论和实践上进行系统建构和深入实践。对智慧教学的内涵、类型、表现、机理、学科特征和发展策略等进行系统的研究，构建了智慧教学的理论框架。主要成果"适合发展：小学数学智慧教学实践研究"荣获国家教学成果奖二等奖，出版了《小学数学教学智慧研究》《转识成智：基于小学数学教师 PCK 发展案例研究》《学科教学智慧的课堂样态：基于"适合发展教学"的课例研究》等多部专著。

**问**：面对信息技术的不断更新迭代，学校的"适合的教育"怎么充分利用信息技术谋求发展新高地？

**王九红**：2019 年 3 月，联合国教科文组织发布的《教育中的人工智能：可持续发展的挑战与机遇》报告中提出："人工智能技术能够支持包容和无处不在的学习访问，有助于确保提供公平和包容性的教育机会，促进个性化学习并提升学习成果。"信息技术、互联网、大数据、人工智能改变了既有的教育环境和教育方式，为"适合的教育"突破困境、开拓新天地提供了有力的支持。

天正小学于2017年参与了南京市"智慧校园"的创建，目的是以此为抓手，推动信息技术在"适合的教育"中发挥作用。智慧校园建设的目标包含三个方面。

一是为教师教学提供丰富的教学资源，提高教学媒体使用的便捷性、稳定性和畅通性。对此，我们对学校网络及相关信息化教学进行硬件提升：增添无线IP，改善学校无线网络环境；数据中心改造升级，建成标准数据中心，包括计算中心、存储中心等；加强网络云盘建设，在校园中开通各种云分享、云管理应用，让教师无论在办公室、教室还是在家中都能快捷访问自己的文件，实现资源共享；全校所有班级安装智能互动屏幕，实现投屏功能，让每位教师都能在班级开展移动设备教学。

二是提高管理效能。学校原本应用的平台较多且分散，均是网页版。借助创建智慧校园，我们实现所有应用在手机移动端的重新开发，既可以统一账号登录，方便使用，又可以适应更多应用。公告、报修、约课、护导督查、签到、考勤、请假、功能室预约等，都可以在手机移动端完成。

三是为学生的个性化发展服务。首先，提供丰富的学习资源，电子图书馆、朗读亭能够提供丰富的图书和朗读训练。学校开设60多个社团，学生可以通过网上社团管理系统自主选择加入。电子显示屏将一周常规检查数据进行发布，每位学生都能及时了解。其次，拓展活动场所，为学生个性化发展提供条件。学校建立了洪爷爷科技工作室、数字探究室（3D打印工作室）、创客机器人工作室、物联网气象站、数字美术室等活动场所。每周十多个班开展STEM项目学习，有创意机器人、创意设计、3D打印、机器人编程、无人机创客、数字美术、纸浆画等课程。每学期参与的学生达到300人之多。许多学生还参与了各种创意发明、机器人、创客竞赛等活动并获得奖项。

值得一提的是，我们和相关信息技术公司联合开发了"翌学——小学作业自动批阅系统"。该系统旨在减少教师在阅卷、批改作业、数据统计分析等脑力含量较低的工作中耗费的时间和精力，让他们有更多的时间从事与学生面对面的教学、指导和交流，有更多的精力开展教学研究，发展教学智慧。与自动批阅相关联，这一系统还能分析作业中的大数据，进行个性化推送，满足差异化学习需求。目前，这一系统的开发和实施已经取得较大进展，相关案例已纳入中国教育科学研究院主编的《数字教育创新应用案例》，由教育科学出版社出版。

天正小学倡导"适合的教育"，因为每个学生都是独特的。他们的兴趣爱好不同，天性禀赋不同，成长环境不同，认知能力不同。面对不同的孩子，我们要施以不同的教育，因材施教是我们永远遵循和领悟的教育思想。真正实施好"适合的教育"还必须尊重学生的年龄特点，既要抓住孩子心智发展的关键期，又要静等花开，切不可拔苗助长！

适合的教育，必定是智慧的教育。天正倡导要有了解孩子的智慧，要有走进他们的心里的办法；要有和孩子们相处的智慧，要让他们能够时刻围在我们的身边；要有启迪孩子理想的智慧，一位教师就应该是一门课程；更要有建构生命课堂的智慧。这里，是师生生命共同成长的地方。

新时代，面对思想上、方法上、实践中的难题与挑战，今天的天正人以高度责任感和更大的教育智慧，自强持正，不停留、不懈怠、勇超越，坚定地行走在适合发展的路上。

（红袖子整理）

/ 管理特色 /

# 发展"教学智慧",建设"适合教育"

### 天正研究共同体

天正教师教育智慧的生长需要同伴的互助,需要研究共同体。天正的研究共同体大致可用四句顺口溜概括:大手牵小手,兄弟一起走,借力参观团,工作室还有。

一是"小手牵大手"。"大手"就是指大学、研究机构和培训机构,它们具有理论的高度和视野的宽度,还有丰富的教师专业发展资源。天正小学与南京师范大学课程与教学研究所、教师教育学院等建立了良好的合作关系,在课题研究、研究成果撰写、教师培训等方面得到支持。

二是"兄弟一起走"。天正学校与各种类型的兄弟校合作,首先是南京市琅琊路小学教育集团的兄弟学校,其次是江苏省联盟校的各兄弟学校,最后是全国各地的兄弟学校。在本部的组织下,集团兄弟校每学期定期开展教师培训、学科教师赛课、教学研讨等活动,集团内教师进行交流。

三是"借力参观团"。学校借助越来越多的参观团,促进教师研究自己的教学,干部研究自己的管理。

四是"工作室还有"。这句话的意思是说,天正小学有个王九红名师(校长)工作室,这个工作室在教师发展中发挥了引领和助推的作用。

### 王九红名师(校长)工作室

王九红名师(校长)工作室成立于2012年,原本是区级工作室,2015年被南京市教育局评审为首届南京市名师工作室,2018年遴选为江苏省首届领航名师工作室。王九红 2023 年成为江苏省名校长工作室主持人。

工作室成立以来以"名副其实,实至名归。名实相济,追求卓越"为原则开展多种多样的研究,发挥引领和辐射作用。先后与华应龙名师工作室联合举办首届"南北二京"数学名师工作室活动、"苏、皖、琼三地"数学名师工作室活动、宁淮两地名师工作室联研活动等。培养了 20 多位国、省、市级名师,成员在全国各地送教、援教。工作室极大地助推了天正小学教师的专业发展,营造了天正小学更加浓郁的学术研究氛围。学校被评为江苏省首批教师发展示范基地校。

### 教后记研究

天正小学的教后记内容包括四个方面:现场再现、重新设计、问题分析、教有所得。舒尔曼认为,教学就是在特定情境中将特定的知识教给特定的学生。其本质特征是它的不确定性和不可预见性。教学要随时保持对学生的洞察和误解作出积极的回应。因此,教师应该具有一种从经验中学习的能力。教后记紧贴教学内容、学生表现和教师行为,是最忠实、最及时的再现教学现场,描述教学故事,记录教师心路历程,凝固思想成果的方式。备了就上,上了就记,形成教师学科教学知识发展最重要的路径和方式。

### 自主管理"小能手"

天正小学学生自主管理是分层来落实的,主要分为校级层面的"自主管理,自我服务"和班级层面的"人人有事干,事事有人干"。

校级层面:自主管理,自我服务。校级层面的自主管理包含三个部分:大队部管理、小能手岗位和志愿者服务。

班级层面:人人有事干,事事有人干。班主任小助理、值日小班长、文明小礼仪、卫生小白鸽、护绿小卫士等各司其职。

**天正学生常规小约定**

进校园：早上戴好红领巾，颔首问好进校园；走进教室开开窗，打开书包交作业；静心早读有质量。

集体晨会：提前5分钟进场地；穿好校服，戴好领巾，敬好队礼，唱好国歌；严肃认真，积极互动，有序退场。

大课间操：准时排队，跑步进场；直角拐弯，口号响亮；做操整齐有精神，素质训练有质量，自主活动同参加。

课间活动：课前准备要做好，轻声说话，不追哄闹，教室内外一个样；上下楼梯守秩序，不推不挤，慢步右行，检不检查一个样；遇见老师有礼貌，颔首问好，笑容温暖，客人老师一个样；文明如厕能做到，大便入坑，小便入池，有人没人一个样；爱护环境保好洁，不丢纸屑，主动捡拾，提不提醒一个样。（五个"一个样"）

进办公室：来找老师，报告问好，轻轻离开，摇手再见。

上室外课：提前到达上课地点，安静等待老师上课；本班教室内不留人，书包挂在椅背上，椅子推进桌肚里，桌椅整齐，桌面清洁。

做眼保健操：手要清洁，指甲剪短；音乐响起，双眼合闭；姿势端正，不乱说话；穴位准确，动作正确；节拍合理，用力适度；保护视力，非常重要。

就餐：11:50—12:15，午餐时间，安静就餐，光盘行动，水果酸奶，教室食用，果皮奶盒，统一回收；提前吃完，看书休息；整体吃完，清扫整理。饭后散步，有助消化；剧烈活动，有害健康。

卫生保洁：（下午放学室内保洁、早上上学包干区保洁）地面无纸屑灰尘，桌椅一条线；洁具收纳放进柜，垃圾及时清；室内墙面要美化，内容及时更换；室外墙面要亮化，污渍及时擦洗。

放学：按时放学，不留学生，值日保洁日日净；整理队伍，指定地点，有序排队等家长；耐心等待，及时沟通，安全呵护伴成长。

### "适合发展"课堂操作要领

教学目标立地顶天,教学内容丰满结构,学生学习充分自主,教师指导由远及近,学生作业弹性选择,学习评价指向进步。

### "适合童心"

2011年,学校提出了"适合的教育"概念。将"适合童心"班级文化解读为:"橘生淮南则为橘,生于淮北则为枳。"班级的文化环境对儿童成长具有很大作用。"适合童心"作为天正班级文化的价值追求和建设路径有以下五层含义。

了解童心:教师要了解班级学生身心特点和发展规律,以便因材施教,针对性地进行班级文化建设。

尊重童心:在人格上教师要与学生平等,尊重每一位学生;要宽容学生,包容差异,长善救失。

适合童心:尊重儿童身心成长规律,采用适合儿童思维方式与接受能力的教育教学方法,建设儿童舒适生活的物质文化和人格健全发展的精神文化体系。

引领童心:在价值观上要以中华民族优秀传统文化和社会主义核心价值观引领学生,帮助他们树立正确的价值观、人生观。

成长童心:要关心每一个,不让一个人掉队;要扬长补短,促进学生全面发展;身心兼顾,知情意行统一;立足当下,放眼长远,杜绝急功近利之举;使学生成长为一名正则的人、富有正义感的人。

(红袖子整理)

# 新生代校长唐晓勇和南方科技大学教育集团（南山）第二实验学校

**唐晓勇**

深圳市南方科技大学教育集团（南山）第二实验学校党支部书记、校长。教育部"儿童与未来教育创新研究院"学术委员，中国教育学会小学教育专委会理事、中小学整体改革专委会学术委员。"未来教育家成长计划"首期学员（全国20位），微软全球创新教师大赛第三名获得者（2009年巴西）。

唐晓勇说，他想给孩子们一座"梦工厂"。

作为创校校长，他接手南方科技大学第二实验小学时，校园周边环绕着主干道、地铁、铁路、高速路，操场就架在地铁维修车间上层，甚至其中离教室最近的地方距离仅两米多，师生们忍受着无休止的噪音……与其说这是一所学校，不如说更像一座工厂。

他对学校的变革首先从空间开始。学校封闭走廊过道，安装了智能化开窗系统、新风系统，减少了噪音的同时让空气自然流通。在校园文化上，唐晓勇力求整洁、干净，尽量不在墙面上贴所谓的办学理念……

紧接着是对教室、课堂、课程的变革。学科融合、统整并非新鲜事，但把统整项目课程在全校铺开，这所学校算得上"课改路上的开拓者"。

今天的"梦工厂"南方科技大学教育集团（南山）第二实验学校，不仅成为家长心目中的好学校，更为深圳"双区驱动"提供了一份面向未来、富有创新精神、全国一流的基础教育新锐派学校样本。

/ 印象唐晓勇 /

## 从小县城走向大展台,是他!

50岁的唐晓勇用"新生代"来形容自己。他说,他口中的"新生代"与年龄无关,指的是那种永远满怀激情做事,不断培养创新性思维和始终葆有学习能力的状态。

他来自巴蜀小城彭州,读的是中师,不满18岁就当上了县城教师。那时,他玩摇滚,是个娃娃头老师。这样的生活持续了七年。不知是"七年之痒"还是骨子里的不安分,1999年夏,这个充满强烈节奏感和富有激情表达的摇滚青年"出走"了,只身来到深圳,应聘到南头小学(后更名为南山实验学校)当代课教师。他说,那个退休后在县城学校门卫室看报的"老头儿",不是他的未来,他想探寻最大可能性。

从县城到深圳,26岁的小学语文教师唐晓勇刚开始完全"懵"了。在南山实验学校,几乎所有教师在课堂上都会用到电脑,而他,当时只会简单的开机关机。他之前所在老家的学校,唯一一台电脑是拿红布罩着的,平时只用来打字和打文件。

但这并不影响唐晓勇快速融入深圳,走向全国。

一切从头学起。足足半年,唐晓勇每天早晨6点起床赶到办公室,下午放学晚饭后直到夜里12点离开。工作之外的所有时间,他都用到学习电脑上。半年后,他的课件一举拿下全国一等奖,震惊了全校所有人。

对电脑已经了如指掌的他,不断在班上尝试计算机和语文教学的融合实践,他把语文课都放在电脑教室来上,带着学生们共同创新。

这个敢闯爱拼的年轻人很快引起关注。恰逢当时的南山实验学校在全国名校长李先启的带领下,掀起了闻名全国的"信息技术支持的课堂教学变革",唐晓勇被委派接手一个"创新电脑实验班"。

李先启对这个年轻人的成长产生了极大的影响:"李先启校长作为全国名校长,他那大气磅礴的思维方式,把南山实验学校变成了一艘航空母舰,不断变革出新。你上了船后,必须得跟上,跟不上也得跟,区别是在船头还是船尾而已。跟随着他的步伐,我也由最初的关注技术本身,到钻研如何通过信息技术变革学习、教学、课程乃至整个学校的管理。"师从李先启的唐晓勇一路紧跟。

奔跑着的唐晓勇开挂的人生就这样扑面而来:从语文学科到信息技术、综合实践,从班主任、大队辅导员、德育主任、信息科研主任,到分管集团教科研工作,15年的历练,他快速成长。

2014年,他将跟随李先启学习、实践的15年积淀,带到了南山北部片区的南方科技大学实验小学,把南方科技大学创新的办学理念及办学资源与之融合,同时进行课程创新改革。

2015年9月,他参与了南方科技大学第二实验学校的前身——南方科技大学第二实验小学的创办。

2017年6月,因南方科技大学教育集团成立,学校更名为南方科技大学教育集团(南山)第二实验小学;同年9月,应社区需求和教育局要求,该校建立了初中部。

2019年5月,学校正式更名为南方科技大学教育集团(南山)第二实验学校,成为九年一贯制学校。

2020年9月,学校创办了一所幼儿园。

……

2000年3月的一个夜晚,唐晓勇在笔记本上写下"行动就有收获,坚持才能改变"。他说,从此这句令他刻骨铭心的话,一直伴随他前行。他把自己定位为行动者和坚守者,20多年来,这句话始终激励、鼓舞着他,让他充满激情,带着勇气与梦想坚定地向前行走,去探寻别样的人生。

现在的唐晓勇,常年戴一副黑框眼镜,看着温和儒雅,外表几乎看不出当年摇滚"文青"的模样，但一开口，语速很快，情绪饱满，骨子里的冲劲儿尽释。这些年，他做课题、发论文，又常在各地分享经验，推动课程在全国多所学校落地，被人称为"学术型校长"。

新的标签下，唐晓勇更在意自己的内在成长。知道我是"大夏书系"出版的《谁来办好每一所学校——9位名校长的办学智慧》一书的主编时，他语气突然加快："书中的李先启校长是我的成长导师！我是他的'关门弟子'，你一定要写出传承！"

瞬间，我理解了，从小县城到大展台，为什么是他。

（雷　玲）

> **校长语录**
> 
> - "60后""70后""80后"很多校长、教师生活的时代是传统的时代，但面对的却是数字时代的孩子。这群孩子的特征、学习规律、自律性早已发生改变，所以老师们要思考数字时代孩子的学习方式，且不能完全用当年的教学方式面对现在的孩子，这是"不道德"的行为。我们的教师是数字移民还是数字难民？如果是数字难民，就没法走入未来的学校。
> - 在我的学校，教师第一，没有教师第一就没有学生第一。
> - 如果技术没有融进学校的文化，没有融进学习，没有解决课程的问题，技术是无用的。
> - 学校的教学能不能让学生顺利地走进世界，走进未来，和全球的人一起竞争，这是我们老师的使命。
> - 我们为谁而设计？他们的核心需求是什么？我作为校长，要为我们的每位孩子设计，为我们的老师设计，为我们的家长设计，还要为教育设计，为国家的未来设计，这是作为校长的使命。

- 教育要关注到人的需求，我们的教育内容、教学方式、课程体系都要匹配学生的需求，还要考虑他们未来的需求。我们或许跟不上时代，但学生是要生活在未来的。
- 学校爱老师多一点，老师就会爱学生多一点，爱学校多一点。
- 未来教育，首先，要从课程层面去思考，也就是需要把当前的、现行的、单一的传统课程体系进行重构；遵循"数字原住民"的学习特征，为学习者构建以跨学科为特征的问题导向、链接真实世界、统整式的课程体系；让学习者沉浸在开放的、探究的课程中去学习、去创造，学生的问题意识、人际交往、合作协商、批判思考、动手实践等系列关键能力得到培养。其次，要从学习空间、学习场景、学习技术、学习策略、教师的专业发展等方面去创新变革，让这些元素与课程深度关联，让学习真正发生改变。这样，学生面向未来的素养与能力才会潜移默化地得到培养。
- 作为学校的首席设计师，校长首先需要想清楚这些问题：为谁打造教育？为谁设计校园？他们的需求是什么？毫无疑问，是为了作为学习主体的儿童。从更高的视角来看，是为了培养未来的时代新人。
- 与其讨论教师和学生应当谁占据主导地位，不如在学生和教师之间形成平等对话、协作共商、共同创造、共同建构的关系。成人与儿童相向而行，无疑更能激发双方的主动性和创造性。
- 学校管理的核心是系统思考、有效整合、全面推进、重点突破。
- 面对这个充满不对称性、复杂性、不确定性的崭新系统，人类的教育模式需要更新迭代。
- 要想让创新思维在校园里处处涌现，校长首先要善于利用创新思维对学校进行整体设计，把学校变作儿童的博物馆、实验室，变作到处流淌着创意和灵感的福地。

- 商界的许多先进理念都可以移植到办学中来，民主、开放、平等的互联思维十分契合学校系统。
- 课程领导力是校长领导力的核心，课程改革是学校立身之本。
- 文化不一定非要上墙，这是一种留白的教育艺术，把这份空间留给孩子们，更能激发他们的创造力。
- 真正的管理不是把人管住，而是最大限度激发成员的自我驱动力。有尊严的人才是大写的人，老师只有处处感到被尊重，才会尊重他人，尊重工作。只有校长和学校管理团队真的爱老师，老师才会感受到爱和尊重，然后把爱再传递给孩子们。
- 校长一定是个"实干家"，但绝不能把学校办成"孤岛"。

/ 印象南科大二实验 /

# 一座"梦工厂"

2022年,借助"百校换新"工程,校长唐晓勇改造了南方科技大学教育集团(南山)第二实验学校的校园空间。他围绕一楼操场上的大树,建了六个透光的"花坛"。"花坛"上空,高低悬着许多灯泡,像一个个小小的造梦空间。课余时间孩子们可以去里面,享受不被打扰的个人世界。

唐晓勇说,在这之前,他看到孩子们喜欢在校园围墙边的竹丛里躲藏时,就有了这样的想法,这是保护儿童的隐私。

2015年9月,南方科技大学第二实验小学创建。作为创校校长,唐晓勇首先面对的就是学校的空间问题。

他说,他想给孩子们一座"梦工厂"。

学校由深圳地铁集团建造,周边环绕着主干道、地铁、铁路、高速路,操场就架在地铁维修车间上层,甚至其中离教室最近的地方距离仅两米多,师生们忍受着无休止的噪音……与其说这是一所学校,不如说更像一座工厂。

变革首先从空间开始。学校封闭走廊过道,安装了智能化开窗系统、新风系统,减少了噪音的同时让空气自然流通。在校园文化上,唐晓勇力求整洁、干净,尽量不在墙面上贴所谓的办学理念。在他看来,学校墙面不能太满,要给儿童多留白。

变革还渗入了教室和课堂。"不能让学生从始至终都是排排坐,那就剥夺了儿童对话的空间、合作的机会。"

如此引导下,老师们也纷纷开始根据自己的教学特点来设计座位,如"单人单桌"有利于学生独立思考,"四人小组"有利于成员充分表达,"六人小组"圆桌有利于合作商讨,"U形座位"有利于学生展示自我,"Wi-Fi形"有利于提升学生的注意力……每间教室的座位布局都可以不一样,甚至连讲台都取消了,教师的身影不再是焦点。

唐晓勇还特别强调光。"光会带来空间感。"因此学校图书馆墙上开出了一扇扇圆窗,让光自然地照进来。那么,书架该有多高呢?——最高的位置,就是孩子可以够到的地方。

"这一切都是按照儿童的需求来设计的。"初为校长,唐晓勇似乎很自然地就这样做了。如果说学校起初的格局像个工厂,现在这样或许正是他所希望的:一座为孩子造梦的"梦工厂"。

把学科融合、统整并非新鲜事,但把统整项目课程在全校铺开,南科大二实验学校算得上是"课改路上的开拓者"。

改革并不容易。缺乏可以借鉴的经验,无法回避的国家基础课程教学压力,不够成熟的教学体系……遇到的问题很多,对于南科大二实验的校长和老师而言,这是一场"摸着石头过河"的实验。

但创新课程的落地和铺开,往往是一个见招拆招、不断优化的过程。正如学校专职副书记梁勇所言:"完成胜于完美,我们不怕问题。"

当年,南科大二实验先行先试;如今,南科大二实验初心未改。经南山区政府批准,学校又承办了御景峰幼儿园,南山区居民家门口添一所具有国际前沿视野、学术研究能力的创新型公办幼儿园。唐晓勇介绍,幼儿园将利用周边自然环境,创新开发自然主题课程,打造森林幼儿园(幼儿园已由区教育局统一管理)。

这就是今天的"梦工厂"——南方科技大学教育集团(南山)第二实验学校,不仅成为家长心目中的好学校,更为深圳"双区驱动"提供一份面向未来、富有创新精神、全国一流的基础教育新锐派学校样本。

(雷 玲)

◎ **办学目标**

追寻"让每个孩子都出彩"的价值追求,营造"尊重、包容、开放、创新"的校风,借助互联网,在办学模式、课程改革、教师发展、教育评价体系、学习环境设计、国际化和信息化等方面大力开展创新探索,全面推进未来创新型学校建设,着力打造一流的教育品牌。

◎ **校　训**

厚德启智,弘毅日新。

◎ **价值追求**

让每个孩子都出彩。

◎ **校　风**

尊重、包容、开放、创新。

◎ **教　风**

悉心陪伴,循循善诱,助推成长。

◎ **学　风**

好读书,勤思考,善合作。

/ 管理原声 /

# 发展儿童可能性：未来视域下的教育思考与课程实践

人类的独特之处在于对未来充满无限想象和对美好生活的追求。对教育者而言，这种追求也体现在对未来教育的不断探索上。未来教育应是怎样的？我们怎样才能促进儿童的生命绽放与发展？大多数学者在定义儿童的未来时并未真正对儿童的基本需求进行深入研究，更多的是基于想象构建儿童的未来。这种缺乏基于儿童实际需求的未来教育设计，正是当前未来教育研究存在的主要问题。作为教育主体，儿童需要被看见、被尊重。如此，我们才能为儿童打造一个真正属于他们的未来。

## 可能性：儿童与未来教育的本然统一

### 1. 警惕未来教育的技术、时间、空间歧路

目前，未来教育研究的重心主要在技术环境、时间维度及空间概念等领域，很容易忽视教育的真正主体——儿童。这种过度专注于技术、时间和空间的未来教育研究，可能会偏离教育的根本目的。

如果过多从技术维度理解未来教育，很容易让技术在教育中占统领地位进而主宰教育，儿童就容易被技术化，被技术奴役、牵制而失去自主思考的能力，成为由外部力量控制的物化"机器人"。在技术主宰下，儿童还容易丧失创造力、主动性，出现社交障碍而造成社会情感的缺失。技术应服务于儿童成长，而不是反过来控制儿童，让儿童沦为技术的奴隶。

如果过多从时间维度理解未来教育，很容易将未来想象成一个固定的、沿着时间线前进的路径。在这种视角下，儿童会被视为未来成年人的"儿童版"，从而忽视其当下的重要性；儿童的未来被认为是已知的、确定的，儿

童的多种可能性就有可能被忽略,其潜力被过早地限制。另外,从时间维度理解未来,还容易出现过度的成人权威意识,造成成人对儿童的代际压迫,儿童很难真正被尊重。

如果过多从空间维度理解未来教育,就容易过度专注于学习空间的建设,而忽视学习方式的变革、课程内容与结构的重构。但是,在教育变革没有触及师生真实人性需求的情况下,任何外在的空间改变都无法实现教育质量的真正提升,精心打造的空间只不过是一种摆设。要认识到,无论空间多么美观,若未匹配有效的教育变革,若未真正让学生有学业收获,其价值是有限的,无法实质性地推动教育进步。

因此,一所向着未来发展的学校,需要站在人的立场上思考未来教育,这样才不会本末倒置。技术、时间、空间等都是影响儿童发展的外在因素,只有理解了儿童,才能更好地为儿童构建面向未来的教育体系。

**2. 未来教育的关键在于看到儿童的可能性**

儿童的未来是一片充满无限机遇和挑战的广阔天地。如果我们想要打造真正能够满足儿童未来发展的教育,就需要深入理解儿童与未来之间的密切联系。30多年的教育实践让我深刻认识到,这条神奇的纽带,连接儿童与未来的桥梁,就是"可能性"。"可能性"代表了儿童的发展潜力和潜能,需要被充分挖掘和培育。未来充满无限可能,而正在成长的儿童同样充满了可能性。我们要让儿童的未来充满力量,就需要不断唤醒和激发他们的可能性。同时,我们也要意识到,儿童的可能性具有潜在性、多样性、动态性和实践性等特点,儿童可能性的研究需要与时俱进地持续深化。我们只有深入了解儿童可能性的特点,才能有效地唤醒并发展它,从而帮助儿童发挥出最大潜力。

因此,未来教育的关键在于创造机会,让儿童能够自主学习、探究、思考和创造,从而发掘、培育、扩大儿童的可能性,将儿童的可能性转化为现实,推动儿童走向充满无限可能的未来。

## 塑造让可能性萌发的学校教育生态

儿童作为教育的主体，需要被看见、被尊重。只有基于儿童需求设计教育，重构教育生态，让儿童身处被尊重的生态，其可能性才能得以有效萌发。

**1. 理解需求，为儿童可能性发展铺设道路**

要构建一个真正尊重儿童的教育体系，关键在于全面而深入地理解儿童的需求。这一过程不仅需要我们从当下日常生活中对儿童的关怀和观察出发，捕捉他们的实际需求，更需要充分尊重并认识到他们身为"数字儿童"的独特性。我们的追求不仅是将儿童培育为知识技能的拥有者，更重要的是我们期望看到一个完整的儿童——一个内心丰富、情感健康、个性独立的儿童。同时，我们需要对儿童所处的多维关系有清晰的理解，包括他们与自我、与他人、与自然的关系。此外，随着社会的不断变迁，儿童的某些特征会有所改变，有些特征却始终保持一致。那些相对稳定的特征正是教育探寻的根本，需要我们始终呵护。而为适应儿童的"变化"，我们须及时进行教育改革，以更好地满足儿童的成长需求。因此，我们只有采用"进化"的思路，去研究和理解儿童的成长，才能为儿童设计出符合其需求的未来教育，为儿童可能性的发展铺好道路。

**2. 重塑生态，为儿童可能性发展提供沃土**

理想的教育应如同一片繁茂的森林，一个充满生机的生态环境，所有的生命都尽情释放其可能性，相互依赖、相互激发，总是朝着阳光，向上生长。为了实现这一愿景，我们需要从多个维度构建和谐的学校教育生态，为学校里的儿童生命可能性提供沃土。

首先，我们应塑造维护儿童权益的学校文化，让儿童沉浸其中，润物无声地对儿童产生积极的影响。

其次，我们需要构建创新的课程体系，让儿童在学习过程中不仅是知识的接收者，更是创新的实践者。我们还需创建一个符合儿童成长需求的数字化环境，为他们提供运用科技助力学习的机会。同时，学习的空间场景也应体现出儿童的主体地位，让儿童在属于自己的舞台上尽情展现。

再次，更为重要的是，要培养一支有能力呵护儿童心灵，能够发现儿童、理解儿童的教师团队，让教师成为儿童成长路上的引路人。

最后，我们需要构建一个以儿童可能性发展为导向的组织管理系统，这是整个学校教育生态稳健运行的保障。在这个系统中，我们不仅要保护儿童的权益，更要让他们参与其中，让儿童意识到自己是主人。这是我们构建学校教育生态的重要原则。

### 建设让可能性绽放的学校课程体系

课程改革是撬动学校系统变革的支点，只有课程形态发生改变，学校的组织管理、功能空间、技术运用、教师发展、学生成长等才能产生系统性变革，从而有效构建尊重儿童的教育生态，让儿童的可能性得到充分绽放。

**1. 用课程体系构建涵养儿童的可能性**

儿童学习课程是一场探索未知的过程，也是不断探索实现自身可能性的过程。能够激发儿童可能性、满足其发展需求的课程体系应是开放的。这便要求学校的课程组织方式不能拘泥于传统的封闭的、单一的学科课程形态，这种课程是以学科知识为逻辑主线展开设计的，对儿童可能性的发展而言，虽然能够为之提供知识基础，但因缺乏灵活性而难以支撑儿童可能性的进一步发展。相关研究及实践经验表明，主题式课程、跨学科学习、在真实情境中解决问题、使用数字技术支持学习、培养面向未来的素养与技能等已经成为全球课程创新的主流趋势。

因此，学校如果想构建满足儿童未来发展的课程，就必须对当前线性、单一的传统课程体系进行重构，消除学科之间过度分隔的现状，构建以跨学科为特征的统整式、项目式的课程，丰富课程的形态和内容，让儿童在开放、探究式的跨学科课程中创造性成长。只有让每个儿童都有机会选择符合自身需求的课程，才能更好地涵养和发展其丰富的可能性。

**2. 用课程实施激活儿童可能性**

八年来，南方科技大学教育集团（南山）第二实验学校利用互联网技术推动课程变革，构建了以跨学科为特征的"统整项目课程体系"。学校以"统整"的方式，把课程、师生、学习时空、学习技术等元素有效地统合起来，通过打破学科课程及学科教师间的边界壁垒，让儿童围绕复杂的、来自真实世界的学习主题，进行基于真实情境的跨学科学习。在这一开放的课程体系中，儿童始终处于中心地位，被尊重、被关爱，实现了主动学习、个性化学习，创造力得到了充分发展。截至目前，学校已开发出贯串一至八年级20多个项目课程，并从三年级开始推动 PBL 项目化学习，让每个儿童有机会动手创造，基于问题的探究学习成为师生的学习常态。

古德莱德提出课程五层次理论，其核心要义是要表达课程设计、课程实施与学生的课程收获是有衰减的。衰减虽然难以避免但却是可以降低的。因此，我们的课程变革是课程体系构建和课程实施规划同步进行的，期待以更有规范性的课程实施来保障课程设计的落地。以三年级"一棵树的价值"课程为例。我们通过前阅读、集体大课、分组课、分科课、PBL 探究、答辩评价、暑期研学以及路演展示等学习环节，引导学生从人文、科技、生态等视角深度探索树木的价值，并把 STEM 元素灵活嵌入其中，以培养儿童的创造力。通过实施整校全员参与的项目式学习，我们鼓励儿童像科学家一样去思考，像工程师一样去设计创造。在课程的实施过程中，我们特别关注驱动问题的设计，其目的在于培养儿童的问题意识，这也是 AI 时代人类必备的关键能力。

**3. 用课程评价发展儿童的可能性**

教师关注儿童的焦点在哪里，很大程度上取决于评价方式。若以知识为中心进行评价，教师的眼中自然就只剩下"知识点"。当评价指向儿童的需求满足并以素养为导向时，教师的目光便自然落在儿童身上，此时，儿童的可能性也才有机会被看见、被支持。而展现可能性的适配评价为表现性评价，因为不对学生的学习过程进行观察，是难以看到和发现那些可能性的。

在多年的探索中，我们确定了与"统整项目课程体系"相匹配的表现性课程评价，并在不同年级采用不同的评价方式。小学低年级主要以"表演秀＋游园式"的方式展示，如一年级"职业日"课程开展的职业体验展示活动，让每个儿童都参与，展示自己梦想的职业。小学中高年级和初中主要通过项目探究的方式，展示多样化的探究作品以及有一定深度的研究报告，如五年级"海洋探索"课程通过"答辩＋路演"的形式，让学生以小组为单位，展示海洋主题探究项目，并通过答辩交流深化理解。这样的评价充分地展现了儿童的可能性，也能够帮助学校洞悉儿童在学习过程中的优势与弱势，从而提供更加精准的教育资源，促进其可能性持续生长。

总之，理想的未来教育就是把儿童的需求作为教育设计的起点，把儿童的全面发展作为教育的核心追求，遵循儿童的成长规律与认知特点来构建理想的教育生态。也就是说，理想的未来教育就是激活、赋能、发展儿童的可能性，并让这种可能性充分绽放、伴随一生。

（唐晓勇，原文载《中国基础教育》2023年第7期）

/ 管理智慧解读 /

# 系统变革，让全体师生在一个生态圈里共同进化

长期困扰中小学校长的难题中有这么一条：各种培训用尽了力气，教师队伍总像"缺水的稻田，长势急人"。与之相对的，长期困扰教师的问题就是：学习资源良莠不齐，轰炸式、运动式、低质量的培训此起彼伏，教师疲于奔命，真正有效的帮助太少。

学校究竟应该设定什么样的目标和任务、用什么样的方式推进成长，才能让教师乐于参与、深度获益？南方科技大学教育集团（南山）第二实验学校在办学过程中向这个问题发起挑战。

2015年9月，南科大二实验确定了自己的目标和任务：通过跨学科课程改革，让所有老师在共同感知中理解课程改革的内涵；并以此为原点，开启"如何通过系统变革让所有人在一个生态圈里共同进化"的探索。至2023年，八年过去了，成效如何？

### 一个梦想

学校管理团队一直在思考：我们究竟要为儿童营造一个什么样的教育生态？答案是自由生长、平等对话的教育生态。

因为尊重每个儿童的天性，相信每一个儿童都有才，都能成才，学校就要为孩子们找到适合他们发展的最佳途径，让他们基于数字文化不断成长，让他们中西文化融通，身心健康，知识和能力协调发展，健全的人格、独特的人文情怀与科学精神融合。同时把个性和强烈的社会责任感融合起来，"培养有时代责任感的时代少年"。

### 一份任务

学校管理团队思考的另一个问题是：基于这样的价值追求，我们的任务是什么呢？这是所有老师共同感知，为学校梳理的定位：办具有创新特质的未来学校，培养学生面向未来的关键能力。

在这样一个任务的驱动下，学校管理团队不断推衍：关于未来学校最大的可能性是什么？需要用什么样的课程体系来推动？行动路径是什么？要培养什么样的老师才能引领学校的持续发展？要构建什么样的评价体系才能为学生全面发展建立健康的成长系统？在课程、教师、评价系统变革的背景之下，管理体系、组织结构是否能匹配这样的发展？学校主要从以下几个方面解决实际问题。

#### 1. 课程改革——撬动学校创新发展的支点

遵循儿童的成长规律来设计课程，要尊重儿童的多元智能，顺应时代发展需求，聚焦儿童能力提升，更重要的是，关注儿童需要以怎样的能力适应未来社会，以及儿童的全球胜任力培养。因此，课程改革的核心，需要以能力培养和素养提升为导向，关注儿童的全面发展。

2015年开始，学校便启动跨学科课程改革——统整项目课程，这项课程在践行一个非常朴素的理念："让学习与生活联结"，让静态的知识在真实世界当中"活"起来。这套课程体系主要是基于互联思维，以STEM理念为引领，以多样化的读写为基础，针对"数字原住民"设计的以跨学科为特征的开放性课程体系。

经过八年多的探索，从一年级到八年级共有21个主题，都是把学习放到真实环境中去解决真实问题，是传统的应试学习和创新的跨学科学习的并行融合，是知识和能力的融合。这样的课程符合当前社会对教育的需求。

可以说，课程改革撬动并引发了学校的系统性变革。

创新课程改革对学习空间、数字技术运用也有新要求。学校在这方面根据课程改革的需求，对学习空间、学习技术进行专项设计，以匹配课程改革。同时，这样的课程改革对师生成长的体系提出了新要求，要设计不同的评价方式，营造不同的成长生态，让儿童和教师在这样的生态系统里成长。

随着课程、空间、技术运用、儿童和教师的成长体系发生改变，学校的管理体系、组织结构也需要跟进变革，形成一种协同、共进的体系。

2. 教师发展——引领学校持续创新的基点

有什么样的教师就有什么样的学校。每一所学校都有自己的教师发展路径和培养教师专业素养的方法。

南科大二实验除了听课、评课、教研这样的一般性教师发展工作，更注重项目负责制、教师合作制、学习共同体、学术性成长等教师发展的新样态以促进教师的专业发展。

比如，"项目负责制"就是给每个教师更多的成长平台，让项目负责人进行课程设计开发、课程管理实施、课程反馈总结、课程团队等任务。

再如"教师合作制"。在传统学校里，语文教师和数学教师基本上"老死不相往来"，而现实当中我们解决问题需要多学科的教师，在共同目标、积极互依、协同反思的推动下，让每个教师都有自己的责任去开展跨学科合作。

同时，学校建立了多样态的学习共同体。其中，"网络学习共同体"是非常重要的学习共同体。链接的"互+计划"，让学校的老师和全国的乡村教师联结起来。近年来，学校开发了十多门课程，20多位老师成为导师。在这样的精准教育帮扶过程当中，老师也成了专家。在这样的学习共同体中，老师们在不断地成长。

3. 多元评价——构建学生全面发展的成长系统

评价体系是构建学生全面发展的成长系统，学校的课程在发生改变，教师专业发展路径在发生改变，学生成长的体系也在发生改变。创新体系下的学校发展需要怎样的评价体系？这是学校老师和孩子们成长的底层支撑。

首先要关注评价的主体、形态、内容，以及评价的维度、形式、工具等。当厘清这样的维度后，学校在实施过程当中，就根据南科大二实验的特点来进行重构。

根据课程改革的特征，学校聚焦学习者全面发展，构建评价系统。学校从评价的内容、评价的形态，以及评价各要素之间的关联，构建学科评价、学业评价、非正式学习的评价、反思性评价等视角开放的评价体系，其目标就是促进儿童的全面发展。

推进评价体系改革，必须关注评价的维度，这个维度主要是从学业评价、行为评价、能力评价，还有情感评价等多方面进行设置。

评价的方式多种多样，根据课程的内容、学习的方式，通过路演式评价、答辩式评价、对话式评价、游园式评价、网络评价等进行。

在评价工具上，学校更多地用量规、图表、思维图等形式，通过学习单来支撑整个评价顺利开展，同时，借助互联网，通过大数据分析进行精准评价。

所以，评价的维度、方式、工具等都是推进评价的重要元素。这里举两个例子。第一个是答辩式评价，它已经成为学校每一学期非常重要的评价方式。

老师们通过项目学习、主题课程学习以及学科学习，邀请家长、专家、老师，让孩子们进行互动式评价。学生展示表达自己的研究结果，通过互动对话，聚焦问题，来阐释自己对问题的理解，通过人际交往、合作协同来圆满地完成答辩。

答辩包含学生的自评、互评，从各个维度来评价。站在学生的角度，学校请家长评委来点评，更多的是给予建议。通过答辩式评价，家长了解学校的创新变革，看见孩子的成长，更多家长也更支持我们这样的改变。

第二个例子是路演式评价。该方式是让孩子们走进真实世界里学习。因此，学校为孩子们搭建平台，通过主题演讲、互动对话，让每个儿童拿着评价量规去提问题。在这个过程中，孩子们的人际交往、自主合作、口语表达、书面书写等能力都在潜移默化中得到了展示。

路演式评价方式让所有人在这样的生态下不断地成长,不断地提升自己。现在,路演已经成为学校一道靓丽的风景。每个学生拿着自己的学习单到每一个主题展示面前去提问题、交流、分享。在这个过程中他要思考:我的问题是什么?学习小组解答没有?我的理解是什么?我的思考是什么?这就让孩子们学会思考,学会交往。

学校为什么会关注反思性评价?因为多元智能里有一个非常重要的智能——"内省智能",但在常规学习当中,很少让孩子们去内省,只有通过反思性评价,才能促进孩子们的这种思考能力。

比如,在PBL学习过程当中,我们让孩子们不断地反思,提出更多问题;在低年级开展建议式评价,如"TAG评价表",它有三个元素:说说我喜欢的东西,问问我想问的问题,告诉我给你的建议。

**4. 重塑组织——设计学校改革创新治理体系**

当评价、课程、教师发生改变,现有的组织管理体系是否还匹配?我们要设计学校改革创新的治理体系。

传统型组织主要靠经验管控,很封闭且层级比较多,工作效率低下……进化型组织则具有活力,开放,不断迭代,每一个成员都在学习,所以实施过程中需要重塑组织,才能匹配学校变革。

- 变革思维。

首先要变革思维,用系统思维来看学校的整体变化,用前沿的互联思维方式引领学校改变,用设计思维来执行落实。设计思维最核心的是:为谁而设计?他们的需求是什么?我们要解决什么问题?因此,变革了思维,就改变了思维模式、话语体系和行为方式。

- 变革组织。

学校主张"去中心",这个中心指学校的管理中心。学校里,中午经常有午餐会,这都是自组织的。然后是"优支架"。组织管理过程中,学校为孩子们、老师们、中层管理者们提供了很多支架,通过组织升级来匹配学校的创新发展。

- "清单革命"。

2019年学校启动的"清单革命",让学校的办事效率越来越高。比如网络直播清单,让所有老师很轻松地进入在线教育;PBL学习清单,为PBL全员实施提供了非常有力的保障;"厕所革命"清单,让厕所旧貌换新颜。

通过"清单革命"这样一个简单的支架,组织重塑,实现"高效、清晰、精准、有序、质量"。这对整个组织变化起到非常大的作用。

通过共同创造,整个学校形成了共创、共享、共生的学习生态,让每个人都向上生长,同事之间协同发展、相互依存,每个人都非常有激情,展现出教师队伍的生命活力,为学校的持续创新奠定了坚实基础。

八年多的"U型创变"之旅还在持续,学校必须"以终为始",面向未来。"无论何时,都要不停地追问,教师的使命是什么?教育的行动要走向何方?今天学校构建了一个共生的教师发展体系,未来以此为基础,我们将通往哪里?"唐晓勇对未来充满前行的激情。

(雷 玲)

/ 管理实践对话 /

# 校长应该像设计师一样思考教育

"设计"是南方科技大学教育集团(南山)第二实验学校的关键词,用校长唐晓勇的话来说,"设计引领我们变革,设计让我们成长,我们学校的发展,从教育1.0到4.0,应该说设计改变了我们"。这正是唐晓勇校长的核心管理理念:校长应该像设计师一样思考教育。

## 用设计思维改变学校环境

**问**:业界对南方科技大学教育集团(南山)第二实验学校有一种说法,这是一所"设计"出来的学校。请问,作为校长,您对此怎么解读?

**唐晓勇**:在我看来,校长应该像设计师一样思考教育。设计思维的核心就是以人为本,设计师需要创意、想象力,更重要的是设计师要有使命感。身为教育者,我们的使命感是什么?设计师创作设计的东西要美,当校长以这样的方式思考教育,教育会发生怎样的改变,几可预见。所以我们始终要让人自然而然处于最中央。在我的学校,教师第一,没有教师第一就没有学生第一。

我介绍一下当初建校时学校的样子:校园紧邻地铁5号线塘朗站和留仙大道,还有几条铁轨从操场下面穿过。学校周边有五条路,地铁、高铁、火车、主干道、高速路,这是一所看上去就像工厂里的学校,先天环境很差,但我们努力通过设计思维去改变它。

这样的环境,逼迫着我们去思考:如何用设计思维让学校发生改变?如何在空间的变革上凸显人的主体性?在技术运用上应以人为中心,那么如何构建以人为本的、以素养和能力为导向的课程体系?

我们封闭走廊过道,安装了新风系统、智能化开窗系统,很大程度上减少了噪音,同时让空气自然流通。我们在校园建设了很多处"世界咖啡屋",门口贴的标语是"教育创见未来,未来无所不能"。这不仅是一间屋子,更代表了头脑风暴式的思考文化。学校风格设计以简约留白为主,墙上很少张贴宣传画,我认为,孩子的大脑需要有一定的空间留给他们自己去创造。

我们还为年轻的教职工妈妈们设计了温馨的"母婴室",教师洗手间里都是全自动消毒马桶,洗手池的水龙头流出的是温水。我们会给老师们开季度生日会,把爱老师落实到每一个细节。只有校长和学校管理团队真的爱老师,老师才会感受到爱和尊重,然后把爱再传递给孩子们。很多来过这里的人都说,这所学校"人气"很旺。最初的建设格局可能像个工厂,但学校团队已把它打造成一所为学生和老师造梦的"梦工厂"。

走进我们的学校,走进我们的课程,便会发现学习无处不在。校园空间处处以人为中心,人与人之间的关系发生改变,教育生态就会发生改变。当生态发生了改变,学习就发生了改变,组织就发生了改变。

我们一至八年级打造了 20 多个课程,让学习和生活关联,让学习文本与真实世界关联,这才是"真学习"。要让每个孩子都出彩,只有让孩子进入到项目化的学习中,进入到开放的课程体系里,才能真正成长。

在学校,我们一切以设计思维为引领,重新思考教育,重新设计学习。我们要思考教育的核心元素、学生的特点、教师的专业内涵、学习的方式、技术的角色、空间的重构等,把 STEM 定位为"学科 STEM",把核心元素融进课程里,进行基于问题、项目、实践、场景的学习。我们的教育从 1.0 到 4.0,我们有这样的核心元素:跨学科、PBL、互联网。"互联网+",加什么?是互联网的思想,如开放共享、跨界、流程再造的思维方式等,思想变革后才是技术运用。

我们倡导让学习与生活连接。我们关注的是,儿童的需求是什么?他们是怎样认知世界的?儿童认知世界是整体的、真实的、好奇的,所以我们要改变。

## 统整、项目、技术

**问**：您所主张的校园中，老师和学校是如何学习的？

**唐晓勇**：分科教学是当前教学的主流形态。分科教学让人变得专业，但是，跨学科教学让人完整，我们要成为完整而专业的人，就应该看看世界教育的主流趋势是什么。项目型课程是世界教育的主流趋势。

我们的统整项目课程有三个关键词：统整、项目、技术。统整就是课程内容的组织方式；项目是PBL项目化的学习和项目化的管理；技术是底层支撑，让技术和学习直接关联。同时，阅读也很重要，没有阅读就没有学习。

课程模式是团队在大量的文献研究基础上构建的。主要有四个方面：学科内统整、跨学科教学——这主要是自下而上的探索，跨学科统整、超越学科统整——这主要是自上而下进行。我们开发课程主要有以下两个视角：第一是学科视角，主要是从教材出发，这样传统的知识储备有了；第二是主题视角，主要是从生活、阅读、教材中提炼主题，借鉴IB课程的六大主题，聚焦学生的核心素养和关键能力培养。

空间要以人为核心。比如，传统的食堂在我们学校被称为"生活空间"，既是老师们就餐的地方，也是师生学习的地方；我们的教室是移动、互联、合作、讨论的，我们不允许老师从开学到期末都采用排排坐的方式，传统排排坐的方式让学生减少了表达的话语权和合作的机会。在图书馆，书最高的位置是学生踮起脚就能摸到的；每周六图书馆向社会开放，大家可以用自由的姿势阅读；在办公室，教师的设备、物品的摆放也要讲究工匠精神，每一个细节都有其背后的深意。

学校的学习系统、教学系统很重要，但最重要的还是管理系统。管理系统是支撑学与教的基础，没有好的管理系统，再高大上的设备，再创新的课程体系也没有办法很好地运行。所以，我们非常关注管理的变革，运用智能化设备，构建进化型组织管理体系。

如果数字技术没有融进学校的文化，没有融进学生的学习，没有解决课程的问题，技术就是无用的。如果课程没有发生根本性的变革，还只是手捧一本教材走天下，我们认为这是不合格的老师，这样的体系下培养出来的学生是没有办法适应未来社会的。所以，我们的原则是，先构建课程再思考设备，先设计学习再思考技术，通过设计改变教育。

### 打开窗户和校门

**问：** 从信息化 2.0 到 4.0，学校怎么把技术运用和课程改革深度融合的？

**唐晓勇：** 我是一名中师生，如果不学习，早就被淘汰了。我亲眼看到过 50 多岁的教师被家长集体赶下讲台的情景，这让我深深意识到终身学习的重要性。

我的学习经历中，需要特别提出的是对信息技术的学习和数字化的探索。从 1999 年开始信息化探索到现在，从个体到联盟，从辅助教学到深度融合，从只关注技术到关注学生素养，最后到不思考技术而是先思考教育，数字化探索这条路我们走了 20 多年。可以说，是技术促进了我们的发展。

当前，技术已经深度融入我们的生活，但面对碎片化信息我们却很容易焦虑，这是因为我们的数字素养没有跟上。当前 40 岁以上的成年人基本上没有经历数字技术的浸润成长，到了数字时代就成了"数字移民"，有的人"移"得很好，但有的人"移"不好就成了"数字难民"，面对数字技术就很焦虑。同样的情况也发生在教育领域。数字化 2.0 时代，我们怎么把技术和课程改革深度融合在一起？

一是要重新思考这些教育元素。

我们现在的教育学、心理学，基本都是传统时代产生的理论，我们用传统的东西指导现在这个时代，如果一成不变地去应用这些理论，我们的教育肯定会出一些问题。因此，我们需要重新思考一些教育元素。

首先要研究教育对象。我们教育的对象是学生，因此需要研究他们，真正了解他们的个性特征。现在的学生和我们小时候完全不一样了，他们是在数字技术浸润中成长的,这些"数字儿童"有其独特的思维方式、学习方式和交往方式。因此,我们需要遵循这一代孩子的特点,尊重他们的内在需求,设计适合他们个性需求的学习方式。然后要学会逆向设计。传统教学是基于知识点教学活动的设置,是以始为终的线性学习,很容易禁锢、局限学生的思维。而现在我们需要逆向思考,要基于"目标"去设置学习流程:要达成学习目标,第一个必要条件是什么?要完成这个"必要条件"又需要组织哪些学习活动?这样一步一步倒推,以终为始重新去设计教学,这就是基于理解的教学设计——逆向设计,这样的学习设计才能让学生真正理解知识。

其次要从课程层面进行思考。我认为,只拿着一本教材去教学的教师是"无能的",从开学到期末只教教材上的内容也是"不道德的"。因此,我们需要用课程思维来重新思考学习内容。教材只是一个支点,我们需要用跨学科的思维优化、重构、拓展学习内容,让学习与生活产生联结,培养学生的综合素养。

最后我们要理性定位技术的作用。数字儿童对数字技术有着天然的敏感度,他们需要用技术来进行创造性学习,但是我们也不能盲目追逐技术。技术应该聚焦在人的发展和构建面向未来核心素养的课程上,数字技术要像空气一样,自然地浸润到学生的学习活动中,也就是"人在前,技术在后",技术是来服务学生全面发展的。

二是要打开窗户和校门。

作为校长,我经常讲:教师要做一个打开窗户的人,让孩子们看看窗外的风景;校长要做一个打开校门的人,让孩子们看看校外的大千世界。我这样讲的核心目的就是要让学生在真实世界中学习,学生的学习场景和学习空间不应局限在狭小的教室里。因此,我们需要为学生重新设计空间场景,这也是课程改革重要的出发点。

我是一个非常关注设计感的人,书架上有多本关于设计思维的书,中国的、美国的、日本的。设计思维对校长很重要,我们要像设计师一样思考教育。比如在设计空间时，我们首先要考虑到它是为谁服务，服务者的需求是什么。比如，我们设计学校图书馆时，考虑到小学一年级孩子的阅读需求，低年级阅读区的书架最高位置就是一年级孩子踮着脚就能够着的地方，沙发的色彩、高矮、形状也是按照低年段儿童设计的，孩子们都很喜欢。同时，图书馆周末都对外开放，学校的孩子、社区的孩子都可以来阅读。

另外，我们在课程中设计了大量的研学活动，打开校门让学生走进更广阔的世界。比如，四年级学生学习了"世界遗产"单元后，我们在寒假便组织了"世界遗产北京研学旅行"活动，通过登长城、游览故宫、游颐和园、圆明园等皇家园林，让学生在真实世界中探究中华的历史与文明。

### 以融合性创新为起点

**问**：我们都知道，"改革创新"是南方科技大学的创校精神之一，作为附属学校，南方科技大学教育集团（南山）第二实验学校坚持以课程改革推动创新。近十年来，学校一直在进行统整项目课程的改革实践。统整项目课程涉及跨学科、项目化、主题式的学习，您是怎样带领团队实现创新发展的？

**唐晓勇**：在实践中，我们把国家规定课程体系的学习和跨学科、项目化的创新学习并行融合开展。比如，在八年级进行的"中国传统科技探秘"项目中，我们会研究茶的起源、酿酒的技术、笛子的发声原理等，把书本上的知识和真实世界中的问题有机联系在一起，让学生更立体地理解知识。

统整的核心是把学习内容按照一定的逻辑关系有机地统合起来，打破学科与学科之间的边界、人与人之间的边界、时间和空间的边界。项目，从管理的角度来说，指的是项目负责制。每个课程都是一个项目，从课程设计到课程实施都由一个老师统一负责管理。从学习的角度来说，是"项目化学习"，也就是 PBL。这种学习方式能够让学生的能力在课程统整中得到全方位培养。

统整项目课程是融合性创新的结果。可以说没有一个课程关键词是我们原创的，但是我们把所有的元素通过融合再组合，就是融合性创新。另外，我们学校之所以能持续创新地发展，很关键的一点是有效利用了外部资源。周边的北大深研院、清华深研院、哈工大（深圳）、中科先进院、深大、南科大等高校和科研机构的教授都很乐意应邀到我们学校授课，授课内容也契合我们的课程主题。让科学家陪伴孩子们成长，这是我们创新的基础。

### 教育改革的核心是人的需求

问：您一直倡导"用未来的视角关注当下教育"，并为此进行了一系列教育改革的实践与推广，包括数字技术、脑科学、云管理等。您认为教育改革的核心是什么？

唐晓勇：当前，学校外面的世界一直在发生着翻天覆地的变化，我们学校里做教育的人不能无视、阻碍这种变化在学校里发生。所以，我一直大力推动技术在教育中的运用，最重要的是我们把学生和学习放在最前面，而不是把技术放在前面。

教育改革的核心是"人的需求"。现在的学生都是"数字原住民"，和我们这一代的"数字移民"已经完全不一样了。很多孩子喜欢戴着耳机，边听音乐边写作业，这在一些家长看来难以理解，但当今的孩子早就具备了多任务处理的能力。所以，教育要关注到人的需求，我们的教育内容、教学方式、课程体系都要匹配学生的需求，还要考虑他们未来的需求。我们成人或许跟不上时代了，但学生是要生活在未来的。我们所有的思考、讨论、学习都不能停留在静态的文本上，不能做纸上谈兵的事情。

离开能力只谈知识是"伪知识"，离开知识只谈能力是"伪能力"。知识和能力的"脱钩"正是很多人缺乏创造力的原因。所以我们不能让知识停留在书本上的文字里，要让学生感受到知识的力量，让学生用知识去解决生活中的问题，同时实现能力的培养。

（雷 玲）

/ 管理特色 /

# 处处涌现创新思维的学校整体设计

### 统整项目课程

统整项目课程是学校启动的跨学科课程改革，包括学科内统整、跨学科教学、跨学科统整以及超越学科的主题统整四种课程模式。授课方面，学校采取教师合作制、项目负责制，打破了各科教师"老死不相往来"的局面。

### 教师第一

学校注重教师职业发展的同时，十分关注教师在校的生活体验。推出"厕所革命"、教师生活空间重构、"世界咖啡屋"、每月教师生日会等一系列举措，让教师们感受到家一般的温暖与关爱。2020年上半学年，学校为教职工妈妈们精心设计的"母婴室"正式投入使用，指纹识别系统、可视化的新风系统、母婴私密空间等设计体贴入微。

"教师第一"理念，把教师放在最重要的位置，教师自然而然会用这份温暖去爱孩子们。

### 五大多功能学习空间

儿童阅读中心、计算机教室、STEM+学习工坊、跨学科学习空间、未来教室。

### "击掌"文化

每天，学校的值周同学、值周老师、校长都会在学校门口，通过击掌的方式迎接同学们的到来。击掌这一过程，就是让校长、教师和孩子之间有温度的传递，让孩子们进入校园时就有一种安全感，带着温暖和爱开启一整天愉快的学习。

（红袖子整理）

# 寻者校长王昌胜和湖北宜都创新实验学校

**王昌胜**

湖北宜都创新实验学校、郑州市创新实验学校、郑中国际学校校长。北师大中国教育创新研究院中小学发展办公室执行主任,中国教育学会学校文化研究分会常务理事等。"我们"教育工作室主持人。

"职业校长"这个概念，今天已不再陌生。

寻者校长王昌胜正是当下"职业校长"的践行者。从2010年担任校长以来，先后担任过10多所公办、民办学校校长，在办学实践中自发组建学校管理团队，目前，他跨省管理着多所学校。其中最具有管理特色的是湖北宜都创新实验学校、郑州市创新实验学校、郑中国际学校这三所学校。

去过的人都会有这样的感慨：每次走进王昌胜团队管理的学校，无论是湖北的学校还是郑州的学校，浑身都会有少有的酣畅。可能，这就是人们追寻中的理想学校。他们正在努力创造教育的另一种可能——创新的孩子、创新的教室、创新的课堂、创新的教师、创新的家长、创新的管理。在这里，"每位教师都有自己的想法""让学生站在中央，学生始终是学校教育工作的中心，教师发展最终会体现在学生的发展上"……

这正是王昌胜所追求的：经营学校要有全局思维，学校是立体的，因此变革也应该是立体的，某一方面的变革促进不了整体的变化。

/ 印象王昌胜 /

## 用最初的心，做永远的事

初识昌胜，是在 2005 年春天的桂林。

那时的桂林，涌动着春的气息，灵动而秀丽。在"新世纪全国第四届教学研讨会"上，我担任主持和评委，昌胜作为湖北省代表作课。课上他与学生平实的交流，对突发事件的处理，以及对学生的理解和引领，引起了我们台下评委的关注。

"老师您几岁？"他愣了一下很快自然地反问："你猜猜呢？""30？""大了。""25？""小了。"……

一个孩子回答挑战性问题，边想边说，吃力地说了长长一串，昌胜耐心地等他说完后，说："孩子，你不简单，我都为你捏了一把汗！"

一个 27 岁的年轻男老师，能与孩子这么耐心自如地交流，实属难得。看得出，整堂课的设计较好地体现了新课程倡导的理念，而他在课堂上流露出的自然和朴实，宛如一缕清风，让我们能够精心细细品味他和孩子们创造的和谐又不乏精彩的课堂，真正好的学习就应该是这样的。

在课后与全场 1000 多名听课教师的互动交流中，他流露出了对数学教学的探索，以及对数学教育事业的热爱与追求，自然也成为会场互动的焦点。看得出，这个小县城的老师，信息并不闭塞，他一定看了许多书，在时刻捕捉着数学教育的最新信息，这让我对他又有了进一步的好感。这时，坐在我旁边的北师大卢咏莉教授碰了碰我："哎，这小子基本功不错，让他到北京随你锻造锻造？"我们不约而同地对了一下眼神。

令我们惊讶的是，会后休息散步，他迎面走来与我们评委打起了招呼，很虚心地请教我们对这节课的看法、教学的疑惑甚至成长的迷茫，竟陪着我们一路走了好几公里。当我表示可以给他提供来北京学习的机会后，他一脸惊喜，连连说："好啊，刘老师，那我就去办这件事情了呀！"

没想到，接下来的半个月内，他竟克服了重重困难，随我走进了北京中关村第四小学。回忆他毫不犹豫地满口答应的情景，不能不说只有怀有梦想的人才能做出这样的选择，因为放弃在湖北枝江实验小学副校长的职务，到北京当"临时工"，不是有迫切希望自己进步的人，很难牺牲已经拥有的这些成绩。

正如他给自己取的网络教研昵称——寻者，他在追寻着自己的梦想。

来到中关村四小，他从一名普通教师做起，任班主任并教授两个班的数学。这对从没有当过班主任的他是个很大的挑战，除了地域造成的气候不适、饮食差异，首当其冲的要属因两地经济和文化差异引起的学生差别、教学方式、班级管理、家校沟通方式等方面的挑战。好在他积极努力，虚心求教，不断寻求改进的方法，同时积累自己的教育教学心得，对教育、对学生的认识也逐渐丰富起来。

在班级文化的建设方面，他积极推行民主、平等、自主的班级管理文化，成立班级事务委员会，发挥学生的积极主动性，尝试让学生在教师的指导下自主管理，将班级事务分成几块，由各个事务委员会学习如何进行协调与管理。全班学生既是管理者，又是被管理者，在角色的转换中培养社会交往技能和对班级的认同。一学期下来，两万多字的《班级民主管理之旅》中描述的波折、艰辛和智慧，读来令人感动。《左手吃饭》《大吃会、小吃会》《兜里的小纸条》等小故事，在与教师交流的过程中，也把校长的一些办学理念活生生地呈现在教师面前。受他的影响，这种新型的班级管理模式和新型的师生关系，在我们学校的教师中逐渐扩散，很多教师将之移植到自己的班级管理当中。

民主管理的思想，"激发学生主动性，将学生推向前台"，也渗透到了日常的数学课堂教学中。昌胜的课堂越来越具有灵性，学生可以不举手站起来发表观点，可以相互质疑和辩论，可以挑战老师。对学生的充分尊重与信任，换来的是课堂上的活而不乱、灵动有序，学生既能自主表达又能互相合作，在激烈的碰撞中经常迸射出思维的火花，收获一个又一个不可预约的精彩。在一次中美数学教育研讨会上，昌胜执教的《小数加减法》一课，出色地演绎了新课程倡导的算法多样化的价值取向，兼顾并促进了学生的个性化理解，又在充分讨论的基础上引导学生达成共识，很好地让学生掌握了共同的基本方法，让他们体会不同思路和算法中相同与不同的精彩。这节课令美国的朋友十分惊讶，他们禁不住地走进学生的讨论中，观察学生的学习活动。课后交流互动时，他们说：没想到中国的师生关系如此民主，没想到中国的课堂如此平等，没想到传统的经典内容融入了现代的数学教育理念，没想到中国的学生在课堂上可以自信地发表自己的观点……这众多的"没想到"，恰恰反映出一个现代教师对教学理念的把握和对课堂的掌控能力。

他的床头、案边摆的都是书，他将读书和思考充溢在每天的教学实践过程中，读书让他拥有了更多的"阅"历，实践使他积累着属于自己的教育学知识，乐于交流又促进了他对日常实践的反思，他在一天天快速成长。当然，老师们也经常发现昌胜"犯愣"——时不时地摆着咬手指的 poss，"好香啊！"会把他从沉思中惊醒。慢慢熟悉了他后，大家就知道他那个样子正是处于思考和遐想的状态。而他一旦陷入思考的状态，就会显露出同龄人中少有的成熟。老师们也给了他一个"思考者"的美誉，其实，应该说是"好做梦"更贴切！

是啊，我们每个人的心中都应该有一个教育之梦！

后来他又担任校长助理，同时负责学校的科研工作，那时他依然没有离开课堂。兼任着学校的数学教研组组长，在 15 位数学教师中，他属于明显的"小字辈"和"外来户"，但因他的学识和为人，且真心实意帮助每位教师成长，赢得了每位数学教师的尊重和信任，组内营造出了和谐上进的研究氛围。老师之间互帮互助，相互提醒，共同进步。每次研究活动，从活动的主持、观点的梳理到会议的记录、资料的收集等，都由教师轮流担任，他们视之为锻炼自己的一次机会。每次听课，上课的老师没有什么心理负担，听课的老师却深感责任重大。每一次听完课,大家在一起议论纷纷,既有观点的碰撞,更有实实在在的改进建议,同时不乏友好的协商式的语言,听到最多的话是:"如果我上,我会这样处理这个环节……""我认为你的引入部分跟后面的内容没有什么联系,是不是可以这样设计……"数学教研组的活动是丰富多彩的,教研的形式也是多种多样的:有时授课者刚刚上完课,听课者就在教室黑板前提出观点,现场说法了;有时激励教师相互启发,请教师向大家介绍经验做法并接受挑战和质疑;有时是三五个人就某个话题随时讨论,再集体共享……数学教研组成为一个促进教师成长的学习共同体。

学校教师研究的氛围,吸引了很多来中关村四小参观学习的教师,数学教研组自然成为大家观摩和交流的一个团队。身处其中,每个教师在变化、在成长!

在学生的眼里,昌胜的课总是充满了吸引力;在同伴的眼里,昌胜是一个乐于给予帮助的人,是个可以结交的好朋友;而我则对他表现出的好学、上进、执着和灵气,为当初让他"进京研修"而倍感欣慰,因为我能够时时感受到他成长的步伐。

2010年,他对我说:"师父,我想尝试着自己办一所学校,挑战自己。不是为了校长这个职务,而是想进一步探索和积淀自己对教育的理解。"我不同意。他说:"师父,在您的庇护下我永远长不大,您让我自己走一段吧,不然我不会死心的。"随后一年多,不断传来昌胜做校长后学校的变化,这些好消息真让人惬意。

也有很多关心他的人对他来京、离京表示不理解,他均是淡然一笑地谢过,继续前行,就像一个苦苦寻觅的"行者","宠辱不惊,闲看庭前花开花落;去留无意,漫随天外云卷云舒"。

最后引用他博客里的话,与大家共勉:"用最初的心,做永远的事!对生活的态度决定了人生的高度!可以一辈子不爬山,但心中一定要有座山!"

(刘可钦,北京市海淀区中关村第三小学原校长)

**校长语录**

- 校长只有不断地自我修炼，才能给师生以精神和行为的引领。校长只有具有责任感和担当力，才能躬身服务于每个人的发展，千方百计为师生的成长搭建平台和机会。校长只有永葆学习和研究的姿态，才能不断诠释和追寻学校教育的真谛。

- 教育是培养人的事业。学生需要培养，教师也一样需要培养。一味从校外引进骨干教师自然是好方式，但不是真功夫。真正的好的团队，是自己能不断地发现和培养自己的成员。"做事就是发展人"，在做事的过程中发展人、成就人，比委任"空降兵"更具价值。

- 学生不是学校的产品，学生是禾苗，有基因，有生命力。教育不是标准化的工业，而是灵性化的农业。老师不要想着把学生变成什么样子，而是要让学生成为他自己。老师有时候是光，照亮孩子的心灵；有时候是水，润泽孩子生长的土地。老师的爱是养分，滋养孩子生长。老师不制造孩子，而是守护孩子。

- 创建一个易于学习、研究和实践的组织文化，是创建学校共同体的基础；创建基于合作、对话、共享的学习与研究文化，是建设学校共同体的关键；促进教师与学生的发展，是学校创建学校共同体的终极目标。

- 管理其实就是三件事情：第一树立一个愿景，第二形成一个团队，做好了这两件事，最后就剩最关键的一件事，而且是每时每刻都要做的，那就是激励每一个人，这可能是领导者最核心的要务。

- 激发内驱力的方式有很多，只要学校管理者将"人在中央""教师第一"的理念植入心田，体现在工作中，教师一定能感受到自己备受尊重，因"被需要"而更加向上。

- 激励每一个人，是未来学校治理的核心。无论身处社会还是学校，"人"都应该处于组织的核心位置。当下，学校教育中的创客教育、课程创新、教学方式变革等风生水起，这些都是指向事物客体属性的变革，不可避免地导致教育主体（人）的消失。学校教育中，关注人，才是目的。

- 管理的核心就是激发人的积极性。做校长就是要激发教师和学生的积极性，时刻保持敏感之心，捕捉一切可利用的机会，不断给予刺激，激发师生内心成长的渴望，让他们葆有前行的动力。如果激励方式也能不断推陈出新，激励效果必将锦上添花。

- 在学校的组织管理中，往往由于组织中过于严苛的层级区分，各种规章制度将"人"给淹没了，这势必会对教师的工作积极性造成影响。教育工作的终端是教师，所以，激励教师也要从组织结构上做出改变。

- 无论就教育学生的本质，还是学校和老师自身的发展而言，学校内部都应该是多一些合作，少一些竞争。

- 当校长，最好不要干下属该干的事情。相反，应尽量让下属思考校长的事情。做事就是发展人，校长不能代替下属的成长。

- 培养管理者，绝对不能只让被培养者做一个简单的执行者，而要多问"你的想法是"，促进其不断主动思考和积极实践。这样做可能暂时损失了部分效率，速度慢了，其实是为了更长远的快。

- 一所学校，最大的资源是每个人的大脑。让每个人有想法，为每个人装上自主前行的发动机，这是我们的追求。只有这样，才可能真正实现效益的最大化。一个团队对某件事物的认同度，往往取决于信息掌握的多寡。信息掌握得越充分，认知越清晰，认同度就越高。

- 管理者不能时常拿着评价、检查的大棒，对被管理者一味地施行"管"的行为，要多一些"理"的思维方式。

- 学校管理中,行政权力使用得越少,就越接近领导;反之,行政权力使用得越多,离领导就越远。好的管理,不会让老师感觉到自己时时被管着。
- 一所学校,应该树立稳定的价值观。稳定的价值观,可以给师生提供持续的行事标准,为师生行为导向。价值观需要长期坚守,特别是管理高层要坚守住,不可因人、因事、因情境变化而左右摇摆,否则老师们就不信了。
- 鼓励竞争的管理学已经过时了,如今,合作互助已经代替了竞争的位置。一个好的团队,会创造一种环境让其中的每个人都能集思广益,让人充分发挥特长,凝聚共同的愿景和一致的努力方向,建立团队合作,调和好个人目标和团队发展的关系。从某种程度上说,领导力就是有能力创造一种环境,让其中的每个人都能集思广益。

/ 印象宜都创新实验学校 /

# 追寻中的理想学校

每次走进王昌胜团队管理的学校,无论是湖北的学校还是郑州的学校,浑身都会有少有的酣畅。可能,这就是人们追寻中的理想学校。他们正在努力创造教育的另一种可能。

关于宜都创新实验学校①的消息,近年来不断在耳边萦绕:有报刊编辑说,这所学校的老师文章质量很高,内涵深刻,可惜他们不能频繁刊登一所学校;参观了学校的老师感慨创新实验学校孩子的纯粹,童真未被泯灭,童心未受污染;与学校管理团队交流过之后,给人的印象是学校有思想,管理独到,教师有压力但不焦虑,能享受到职业幸福。

本来只是想看看有哪个点可以采写,但在学校"泡"了两天之后,我感觉不能用找点的思维来看待这所学校。正如他们管理者经常说的:经营学校要有全局思维,学校是立体的,因此变革也应该是立体的,某一方面的变革促进不了整体的变化。

## 创新的孩子

"爷爷,您的牙为什么这么黑?"这是孩子们在接待北京参访校长时的问话。"我活了50多岁,抽了30多年的烟,第一次有孩子这样问我。这里的孩子真像孩子,令人感动!"

走在宜都创新实验学校的校园,孩子们扑闪着眼睛,不时会有孩子主动

---

① 王昌胜团队管理的湖北宜都创新实验学校、郑州市创新实验学校、郑中国际学校颇具特色,三所学校的理念与实践相通,本文以宜都创新学校的管理实践来展现其管理智慧。

招呼"阿姨好",还会询问"您是几年级的老师?我好像没见过您呀。"有孩子拉着我的手去教室,介绍他们班级的大作,也有指着墙壁上"悄悄话园地"贴着的小纸条,告诉我"今天我心情不太好,因为……"。有孩子走进校长室:"校长好,今天是我的生日,请您吃蛋糕,我也想得到您的祝福。"……

"什么都可以等待,唯独孩子的发展不能等待。"这是每位教师的实践追求。教师们创造安全的环境,让孩子们敢想敢问、敢于尝试,细心呵护着孩子的童真,顺应着孩子的天性。

## 创新的教室

学校教室里没有讲台,没有讲桌。问老师们习惯吗?老师们说习惯了就好了,拉近了与孩子的心理距离。还说只要心中有讲台,哪里都是讲台。

但是每间教室后面,都放有一张教师办公桌,说是给教师办公用的,教师可以面批作业,可以有更多时间与孩子待在一起;每间教室里都有不高的书柜,方便孩子取阅,书柜里都堆着孩子们爱看的书,有孩子们自己拿来交流的,有班主任买的,也有家长送的;每间教室都有电子白板、实物投影,几乎整天开着;每个孩子都有一个属于自己的柜子,用于存放书包、学习资料。校长说,应该将钱用在离孩子和教师最近的地方。

最有意思的是,教室的墙壁、学校的走廊上全是花花绿绿的学生的作品,贴在墙上的材料各式各样,有卡纸,有照片,有木板,有KT板,这是孩子们的天地。一进教室,孩子们会缠着客人介绍自己在墙壁上开辟的"个性空间"。老师们说:"不仅要让墙壁会说话,而且让墙壁说不同的话。"原来这些墙壁上的,不仅仅只是展示个性,还有与孩子们协商达成的约定,记录着孩子们的成长足迹,也有关注心灵的版块,引导孩子们自我疏导和相互关注、抚慰。

乍看过去墙壁并不整洁美观,但老师们说,是孩子们的就是最好的,孩子是我们学校的"明星"。

### 创新的课堂

走进课堂，更令人震惊。这里给人的感觉是，当老师很容易，上课很轻松，老师的主要任务就是明确话题，激发独立思考，组织交流。课堂上，老师讲得很少，学生交流的时候，老师几乎插不上话，学生们相互补充、相互质疑、相互启发，令人震撼。不是亲眼所见，不会相信小学生能有这样的能力：×××，我同意你们的观点，我还有一点补充……；你们组的分享很有价值，但我有一个问题要请你们回答……；好吧，那就请××为我们刚才的讨论总结一下吧。老师只是在关键点、重难点介入，加以强化，是真正的组织者、引导者。这种讨论，学生们围绕一个话题，能层层深入，少有跑题者。中高年级的课堂，学生发言不用举手，可以站起来回应，但懂得谦让：发过言的让没有发过言的，男生让女生，前排让后排。而可以感受到的是，课堂上没有学生走神，全部开动着大脑，投入到倾听、交流、对话之中。

全校的课堂都这样吗？教师们说不是，因为学校提倡以自主、合作、探究为前提运用多样综合的教学方式，有教师在实验"颠倒的课堂"，也有教师在开展分享式教学的研究。目的是让教师寻找适合自己的教学方式。

### 创新的教师

与学校每位老师聊天，会发现他们每个人都有自己对教育的理解，也有自己的教育实践积累。王老师的主题阅读，开展得如火如荼，现在是不让孩子读书都不行；刘老师的家校深度合作，操作得有板有眼，家长对班级的关注和付出令人嫉妒；有老师倡导的思维导图，已经在语文、数学等多个学科拓展使用。

原来，学校通过引领教师"用研究的眼光看待日常教育事件"，积累自己的教育故事，促进教师"亲近研究，走向卓越"。至2023年底，每位教师积累的教育案例，多的达到30余万字，少的也有5万字。每篇案例，都有专家或同伴的点评。正是教师这种长线的积累，让教师逐渐深化对教育的认知，形成属于自己的教育学知识，从而使教师的教育观念和行为发生着渐变式的变化。

### 创新的家长

有家长送来一大箱餐巾纸、洗手液,供全班孩子使用;运动会,有医生家长主动带来医药箱,为学校做义工;有家长坚持每周一次为年级孩子讲解海洋知识;有家长请孩子参观自己的工厂,了解工艺流程;有家长邀请年级师生到自己的茶园,开展采茶、制茶、品茶、茶艺等茶文化的实践活动……

创新实验学校的老师认为,做老师的要学会引导家长。他们引导家长不仅要关注自己的孩子,更要关注孩子生活的群体,因为群体好了,自己的孩子不好都不可能。老师们说,有家长相伴,老师教育孩子不再孤单。

### 创新的管理

在管理上,给人印象最深的是学校自下而上的管理机制。学校很少做"刺激—反应"式的布置检查,而是创造激发教师能动性的管理模式。管理管理,要"轻管重理",如果经常采取布置检查式的管理,那么教师就会"只做你检查的,不做你希望的"。这是创新实验学校的管理信条。

他们"不"检查、不听推门课、很少评价,在为教师创造安全工作环境的前提下,探索扁平化的、自下而上的管理模型,激发教师的自主意识和创造力。因此,不断有创造在学校"涌现":美术教师开辟涂鸦墙,体育教师自编并教学街舞操,有班级请来家长给孩子讲职业生涯,学校小讲坛请来了宜都市老专家讲杨守敬的史料……教师们不断开发着课程资源,润泽孩子。

创新实验学校,让每位教师有自己的想法——没有什么比这更重要的事了,学校是产生思想的地方,教师是学校最大最宝贵的资源,充分调动每位教师的才智,引导教师做一个独立的、对教育有激情和责任的人是学校矢志不渝的使命;让学生站在中央,学生始终是学校教育工作的中心,教师发展最终会体现在学生的发展上。

(张华英,《湖北教育》原编辑)

校园文化

宜都创新实验学校是一所集小学、初中于一体的民办学校。2018年开学，学校坚持"学生站在中央，在创造中生长"的办学理念，把培养"受欢迎、有力量"的人作为育人目标，创造性地建立了丰富多元的课程体系。学校努力创办一所面向未来的学校、蕴藏学生秘密的学校、遵循学生天性的学校，满足人民群众对优质教育资源的需求。

郑州市创新实验学校为九年一贯制公立学校，有两所小学、一所初中，2016年小学部万和城校区投入使用，2019年、2021年，初中部和小学金桂街校区先后投入使用，目前形成一校三区集团化办学格局。

郑中国际学校设有小学、初中、高中三个学部，以"培养世界的中国人"为育人目标，既关注学生现实的升学需求，又关注学生长远的全面发展，实现升学教育与素质教育良好结合。

○ 办学目标

创办一所人在中央的学校，一所遵循天性的学校，一所面向未来的学校。

○ 育人目标

培养"受欢迎、有力量"的人。

○ 办学理念

在创造中生长。这意味着每一个生命都是不可重复的，都是宇宙间独一无二的存在。孩子最大的快乐是每天都在创造新的思想、新的事物，生长成新的自己。对教师而言就是去爱每个孩子，爱每个孩子那不可重复的生命，不知疲倦地发现、珍视，并通过教育的方式成全、造就他们的创造性和独一无二，并在这过程中创造自我的生命价值。对学校而言要不断探索教育创新之路,不断开拓进取,孩子、老师、学校三者相互激荡,互为支撑。每一个人在创造中丰富自我、滋润自我,告别旧我,创造新我,在创造中生长,在创造中走向未来。

◎ 校 训

因为我,带给世界一点点美好。

◎ 校 风

比别人早走一步,逼自己多走一步,原基础再走一步。

◎ 教 风

用情感推开知识大门。

◎ 学 风

像科学家一样思考,像工程师一样设计,像艺术家一样创造。

/ 管理原声 /

## 安全感和信任，比畏惧更能让组织变强

2010年，我刚从北京回老家任校长，发生过一个到现在都记忆深刻的案例。

学校之前每天都开晨会，老师们的感受是"价值不大，流于形式"。于是我们决定取消晨会，但中层干部又担心老师们不能自觉按时到岗，因为开晨会有个作用，那就是谁迟到了一目了然。如果取消了晨会，那就得管住考勤了。于是有人提出要签到，这样既可以取消晨会，又能让老师不迟到。

不开晨会老师们就不能按时到岗？经过讨论，我们认为首先还是要相信老师们是向善的，有素质的，不能一味地想着如何管住老师。老师的工作富含创造性，学校激发老师的自主性和创造性很重要，仅仅靠管是管不出创造和自主的。学校管得太死，老师哪有创造的空间？被管着，心情都没有了，何谈自主？学校经常用检查、督促的方式来管理老师，老师们可能因此会'只做你检查的，不做你希望的'，那就得不偿失了。

有干部还是担心：别把老师想象得太自觉了，有的老师真做不到。追问估计有多少老师不能自觉做到，回答可能有五六人。

为了管住少数五六个人，让全体老师陪着签到，增加了所有人的负担，管理成本太大了。更重要的是，签到让所有老师都觉得自己被"监管"着，感受不好，破坏了学校与老师间的信任。

最后，我们仍旧决定不签到。对于迟到的老师，一一找他们了解情况，让他们说明情况就是了。于是我们在全体教师会上宣布：取消晨会，不签到，学校相信每位老师都是向上、向善的，因为我们是老师，具备必要的素养。第一个月，没一人迟到。后来，学校也没有在考勤上出现问题。

随后，我们又取消了"推门听课"的制度，因为每位教师都希望将最好的课堂展示给他人，即使是特级教师也无法保证每节课都精彩。所以我们用"预约课""邀请课"来代替"推门听课"。

"预约课"是事先与教师商量和约定好听课时间，让教师做好准备再听课。"邀请课"是提倡教师相互邀约听研究课。自己准备好后可以邀请组内教师和同伴听课，一起研究课堂中的问题。而且，所有的听课，不给分数，不与绩效考核挂钩。评课的时候，既表扬优点，也提出中肯意见和改进建议。渐渐地，教师之间的相互听课就多了起来。教师们还经常请领导听课、上研究课。

在"不签到""不听推门课"的基础上，老师们还自豪地给参访客人总结出了一条：我们学校"不检查"。

其实，"不检查"说得不准确，应该是研究的成分多，检查的成分少。比如，检查教师的作业批改情况，我们会在教研组内交换查阅，找出他人批改作业的优点，并将集体总结出来的经验，相互学习、相互分享、相互借鉴。这样，说检查也检查了，但更多的是用研究和分享的方式，不断强化好的经验，在组织内流通和传播。

"不签到""不听推门课"和"不检查"，被老师们戏称为学校的"三不"。在这种氛围下，一年之后，学校师生的精神风貌发生了很大变化。特别是老师们，对学校的认同度大大提升，学校各项工作取得了显著的成绩。

2013年，我们托管一所成熟的学校。有一个场景令我至今历历在目。一位中年老师在一次例会上感慨：现在真想做点事了，有了"跃跃欲试"的冲动。

原来是因为学校在决定校门口的门禁系统是否需要升级的问题上，咨询了班主任的意见。如果升级门禁系统涉及调整学生收费，需要班主任与家长沟通。所以我们开了一个班主任会征求意见，让掌握信息最多的班主任们来参与决策。结果全校80%的班主任认为条件不成熟，建议暂缓。于是学校采纳了老师们的意见。

事情不大也不复杂，没想到这位老师却深受激励，觉得备受尊重，并"跃跃欲试"。不到三年，这位老师成长为地市级优秀班主任，成为大家公认的榜样，作为模范教师，受到了市委市政府的表彰。

同样是这所学校，第二年教育局要求各校做人事聘任制度的改革，目的是优胜劣汰，激发教师的积极性。一时间，全区教师都比较焦虑。我们经过深入讨论，在制订方案时，对79位教师设置了80个岗位。岗位数比教师人数还多。让老师们认识到，不是要老师们下岗，而是要将人力资源得到更合适的配置。老师们的焦虑情绪因此缓解了不少。

是的，以上所述案例一般都会归因到"尊重"和"信任"的因素上。但我们认为，在尊重和信任之前，学校需要创造安全的环境。"不检查""不听推门课""不签到"，除信任的要素之外，最基础的是让老师们有安全感。

我们在事关教师利益和感受的事情上，首先考虑的也是教师的安全感。比如绩效的分配方案，各方面都要教师参与制订，最后实施还必须有80%以上的教师通过；在教师评价中，我们改变以往的评价个人的方式，将竞争引向外部，实行班级、年级组和教研组团队捆绑评价，大家互帮互助的氛围一下子就上来了；特别是在教育教学的改革中，那些积极尝试的老师，绝对不会因为变革遇到挫折和失败而轻易遭受责难，这样大家就勇于尝试了。

在学校管理中，我们认为安全感和信任是相辅相成的。有安全感，教师才会大胆尝试变革。有信任，教师才能从人际关系中获得能量。

安全感和信任，比畏惧更能让组织变强。

（原文标题：我们为何倡导"三不"。王昌胜，载《中国教师报》2022年5月11日）

/ 管理智慧解读 /

# 职业校长的突围——自下而上管理激发团队活力

王昌胜从普通老师到职业校长的信念转折点，发生在 2005 年。当时 27 岁的王昌胜，在一次全国性数学赛课活动获得一等奖，被教育部基础教育课程教材发展中心刘坚教授、时任北京中关村第四小学的刘可钦校长看中，邀请到北京访学。此后的五年，他在中关村四小先后担任数学教师、教研组长、教科研主任、校长助理。2010 年，他离开北京，开始了职业校长生涯。

## 学校最宝贵的财富——学生

王昌胜快步走在郑中国际学校小学部的校园里。这所学校占地 300 亩，从小学低年级部到高年级部可能就有几百米。校园甬路边是搭起来的拱廊花架，爬满花架的藤蔓在郑州四月午间的骄阳下形成一片难得的树荫。拱廊里是十几个刚刚吃过午饭，前往寝室准备午休的女孩子，不过 10 岁年纪，嬉闹起来的笑声像银铃一样。远远地，站在最前面的女孩看到王昌胜走来，像得了奖励似的高声问好："王校长好！"于是就像传话儿似的，后面的每个孩子都兴高采烈地问"王校长好！""王校长好！""王校长好！"以至于最后一个女孩子快乐地喊出这句话的时候，王昌胜不得不扭过头去，隔着一条路一个花坛，笑眯眯地朝 10 米外系着红领巾的小女孩致意。

回头的功夫，有两个只到成年人一半身高的小男孩相互追跑着，险些撞到王昌胜，"王校长好！"的问候声被这两个小孩一溜烟落在身后。"慢点儿跑。"王昌胜没有拦下他们俩批评，而是一脸和善地提醒。"这是孩子的天性啊。你见过哪个小孩好好走路的？"王昌胜说。

这是王昌胜接任郑中国际学校小学部校长的第二三个年头。在王昌胜管理的学校里，孩子拥有的空间不只是和校长的友好关系，或者是更大范围的"调皮"，他们还能被推到"中央"，做学校和自己活动的主人。在郑中国际学校小学部，孩子们有51项兴趣课程，包括创意绘画、魔方社模仿、拉丁舞、英文课本剧、PS制作等。这些课程不是学校强制设立和要求的，而是学校首先鼓励有特长的老师申报可以开设的课程，接着由小学生民主表决，一人一票选择出来的结果。在王昌胜兼任校长的郑州市创新实验学校，其校名的书写也是第一批入学的一年级小学生亲手完成的。在这间学校门口，远远地就能看到校名那橙、红、绿、蓝、紫几个笔画稚嫩但不失规整的大字。走近了，原来大字下面还有韩嘉宸等9个小朋友的名字挨着。"入学时候我们让所有一年级小学生都写了校名，之后挑了9个孩子的字做出来挂在这里。"王昌胜说。

"让学生站在中央"是王昌胜一以贯之的理念。在湖北宜昌任校长期间，这间学校曾经出资近十万元做了一次大型文艺晚会庆祝儿童节。学校聘请了宜昌市春晚导演执导，搭建豪华舞台，但这场晚会却是由孩子主导。活动中，学生们组织了2000位家长的进场退场、组织调控了所有节目、出色地完成了晚会主持、协调150余名家长志愿者帮助化妆、摄影、安保等服务工作，并且全校所有学生都参与了这次演出。晚会没有邀请任何领导致辞，没有任何媒体采访，全部是学生、家长和教师，小学生们完整地过了自己的节日。

但让"旧学校"老师接受王昌胜新理念的过程却并不如小学生顺畅。王昌胜接任郑中国际学校小学部校长后的第一次运动会，他的团队也想"让学生站在中央"。他们让每个班级自己选择一个国家，希望孩子们在入场的时候，扮演这个国家的代表，展示国家特色，目的是发展孩子们的国际视野。"当时许多老师都持观望态度，觉得搞不出什么花样，'就让学生自己搞吧'。"郑中国际学校小学部的孙主任说，但王昌胜的管理团队并没有强迫老师参与运动会，也没有在运动会结束后给不积极的老师各种形式上的责备或处分。王昌胜相信，事实是最好的说服，"他们都说不可能。做一次，让大家看到这件事可行,以后就容易了"。

果然,有了第一次的经验,第二次运动会的入场式有了显著飞跃,学生和老师都积极参与到筹备中。这次的主题是每个班的学生都要扮演中国的55个少数民族。学生们有的排练民族舞,有的换上民族服装,有的自己制作创意展板……"我想孩子的反应是最有说服力的",孙主任的孩子正在郑中国际学校读五年级,同样参与了这次运动会。"回家看一个纪录片的时候,正好看到和少数民族相关的。他就问我,'妈妈你知道火把舞是哪个民族的吗?'后来我知道原来他是在那次运动会上看到的。原来孩子们除了参与,他们真的在这次活动过程中学到东西。"渐渐地,王昌胜逐渐改变了老师们对学生的认识和校园的生态。学校、教师、家庭为学生成长服务,建立支持性班级文化,尊重每一个学生的话语权,成立各种班级自组织,开展个性化班级活动,让每个学生站在学校和班级的中央。

### 学校最宝贵的财富——老师

在王昌胜看来,学校最宝贵的财富除了学生,还有老师。王昌胜在方法上改变了一般学校由校长或班子定规则、定制度、量奖惩的做法,把管理学校、班级和每一个教学活动的权力下放,由中层、老师商量着办,包括学期计划、三年规划,甚至校服样式确定、校报栏目设计等,都是咨询教师和学生意见后执行,这让教师们感觉到"这些大小事情都跟我有关系,是我自己的事情,而不是学校要我做的事情""这是我的学校而不是别人的学校"。而校长在这中间作为管理者只提供服务,承担后果,分享成功。他还取消了一般学校的领导层推门听课制度,但提倡"邀请课""同伴研究课";他规定任教五年以上的教师可以不用手写教案,但需要在教参和教材上批注,"教参上几条经,教材上满天星",以便教师将精力集中在研读教材教参、改进教法上;他将例会分为分享即得、研究在线和有事说事三个板块,由教师站在前台主持、分享、对话、总结,领导退居幕后,减少说教……

这是王昌胜带给学校教师的成长路径。他致力于激发教师成长的愿望,激活主观能动性。他鼓励教师书写"每周一得""半月谈",用文字记录自己教学和工作中的得失。在王昌胜看来,书写故事的过程就是梳理、反思、调整、内化、提升的过程,它帮助教师形成教学知识,达到改进日常教学的目的。在这些素材完成后,他并没有把它们束之高阁,而是一一批阅。"我以为他只是看看,结果没想到他都仔细写了批语,有的批复甚至比我自己写的还长。"王昌胜团队的杨老师说。不仅如此,对这些实践案例,王昌胜还聘请专业人员每月逐一点评,鼓励教师相互激励与点评,并将优秀的案例分享给全校教师,反复消化吸收,推而广之。起初,分享的人员和内容往往需要管理层去发现、去挖掘,鼓动教师分享,因为即使有亮点,教师们也觉得没什么可说的,或者未能发现自己所做的价值。而当分享成了教师文化,教师们会主动申报例会时分享,分享之后会相互质疑、追问和碰撞。王昌胜还会外派教师到教育先进省市学习,解决教师视野窄化的问题;一旦发现教师有新尝试,即提供机会给这些先锋教师在全校教师会上分享;成绩突出的教师,会有"访学游学"的机会,甚至被外派以指导兄弟学校的研究,或被推荐文章发表。

他喜欢用"生长"一词来描述教师的这种变化。"生长"是自然的、和谐的、生态的,它源自主体,依赖主体自身积蓄的能量主动发展,外界只是提供养分和环境。王昌胜拒绝刻意,排斥强力推进,在实践中推动教师的体悟、反思和积累,最终内化为教师的发展能力。在这种理念下,王昌胜在湖北宜昌担任天问小学的校长时,在短短的三四年时间里,把这所学校从2010年招生都面临窘迫、只有49名新生的小学,发展到2013年有1500多名一年级新生要挤进来的热门学校;把当初人心离散的团队,发展为省实验小学等名校轮流将全体教师派往该校参观学习的组织。2013年,当地两个区域的教育局长分别将两所不同的公立学校委托王昌胜团队管理。又四年后,王昌胜从湖北宜昌受邀到河南郑州发展。此时他不再孤军奋战,他还有一个"拖家带口"的团队。几位出走家乡的团队核心成员,她们的丈夫为此辞去工作,孩子为此放弃学籍转学到郑州,"跟着王校长,就是觉得他有一种人格魅力吧，我们都很信服他的理念"。她们都表达了同样的意思。

## 中国的职业校长

2010年，当受邀回家乡，宜昌天问学校高正华校长请他到天问学校小学部任校长时，王昌胜告别刘可钦教授，说："师父，我想尝试着自己办一所学校，挑战自己。不是为了校长这个职务，而是想进一步探索和积淀自己对教育的理解。"

接手一所新学校对任何一位校长来说都会有压力，更何况是从未做过校长的王昌胜。而在接手学校初期，既要承担成绩风险，又要立即着手改革，压力可想而知。但王昌胜却不以为然。"但凡成功的教学改革，应该是不畏考试，但也不唯考试的。教学方式改良之后，孩子们的学习动机、学习能力、学习品质应得到全面提升，成绩自然会提上来，分数只是改革的副产品。"他说。接手天问小学后，王昌胜的改革果然遇到了阻力。一方面是学生成绩下滑的压力，另一方面是老师们看不到改革带来的即刻变化，也有怀疑产生。但在第二学期，天问小学的成绩企稳回升，随后学校学生的学业水平一直遥遥领先于兄弟学校，所有压力也便迎刃而解了。

王昌胜改革的秘诀就是扁平化的管理和决策权的下放。对于一线教师，王昌胜提倡组建不同研究、活动小组，让教师们自主选择参加，在活动中增加交流与互动。在管理上，王昌胜管理的学校采取垂直形式的年级组、教研组，再增设横向的工会小组或课题组等教师组织，实施网状的扁平化管理。他倡导中层管理人员在学校尽量多地走进每个教室，与更多的教师随机交流互动，了解、咨询工作现状，关注教师情绪，收集意见和建议，及时给予支持和引领。即便是他自2010年亲手带出的管理团队，也会在周五晚上的家庭聚餐中被他批评："不要总坐在办公室，这样和教师的距离就拉开了。如果我总在办公室看到你们，是不行的。"这种管理模式一方面得以让掌握信息最充分的层级做出更科学的决策，另一方面也在讨论的过程中加强了执行力。任意一个计划，都会先由全体教师在独立思考的基础上分组讨论，充分阐述现存问题和改进建议，初拟规划后再交由全体教师讨论、修改、定稿。尽管一个计划往往需要三四轮修改，但在讨论、对话的过程中，教师对规划的认同度却提升了，实施起来执行力自然就强了。

如今，大家自发成立了"我们"工作室，有近20位核心成员。他的团队成员中也有人走上了副校长、主任等管理岗位。他告诫团队中人，在管理层更要注重沟通，接手一所新学校要因地制宜，注重培养更新的校长。"校长为教师服务，教师为学生服务"，王昌胜常这样说。在他看来，管理一所学校就如同管理一间大企业，也需要专业的理念、策略和知识。现在，他正在把"职业校长"这个行业推广出去。

（于文澜，《未来教育家》原编辑）

/ 管理实践对话 /

## "这是我的学校"

"追求高品质创新教育需要不断地研究与实践、学习与创新,持续促进人的发展。将学校中教师、学生与家长作为共同体来建设,是促进人成长的重要方式。"王昌胜担任职业校长以来,管理的核心点是,通过"这是我的学校"理念的倡导,将学校建设成学习共同体,从而促进教师、学生及家长在学校这个学习共同体中协同发展。

### 多凝聚共识,少控制行为

**问**:据了解,您作为一名职业校长,在管理学校的过程中,最关注的是老师们对学校的认同感,这是基于什么考虑?

**王昌胜**:在我看来,所有的校长可能都有个相同的愿望:希望老师把学校当作自己的学校,而不是别人的学校。要实现这个愿望,有哪些具体可操作的方法?我们做了一些有益的尝试。

学校每学期都会计划和总结,能否从这项常态的工作中,挖掘出些许激发教师内动力的元素?因为常态工作往往更具力量。于是,我们团队管理的学校就有了一项规定动作,我们称之为"共同总结"和"共同计划"。

对于总结,在期末会安排至少半天时间全体老师聚在一起(规模大的学校分年级组进行),老师们共同梳理这一学期我们做了哪些工作。老师们会详细罗列出每项工作,往往有100多条,"半年我们居然做了100多项工作",成功感便油然而生。

接着,我们引导老师把这些工作分成四类:一是做得比较好还要继续坚持的,二是有待改良和完善的,三是做了没多大作用可删减的,四是应该做而没有做的。老师们会围绕每一项工作分组展开讨论,畅所欲言,提出意见和建议。

一次,一位刚上任半年的公立学校执行校长再三嘱咐我,一定要去全校总结的会场。缘由是学校实施了"每周一得"制度,即每月每位青年教师要上交四篇叙事,每篇虽然只要500字即可,但会得到一一批阅和反馈。老师们觉得压力大,月底经常相互调侃"你缺不缺'得',我还缺'得'呢"。这位执行校长预估老师们在总结会上意见比较尖锐,担心自己"控不了场"。结果他想象的事情并未发生。虽然就"每周一得",确实有部分教师提出了意见,但现场有更多的老师认为:"这件事情虽然痛苦,平时也会抱怨,但对我们的成长和发展确实有帮助,虽然累但还得坚持做。"自此,"每周一得"在学校再无争议。

总结会的最后,会告知大家:学校会根据大家的意见和建议来制订下学期的规划,下学期开学前,会把计划再交由大家审议。当见到自己的意见被采纳并写进了计划中,老师们会倍感骄傲。对没被采纳的意见,及时回应并说明原因。经历了这样的过程,大家会认为这个计划是我们自己制订的,认同度高,理解深刻,执行力自然就强。

曾有人质疑:老师们的这些主意,干部们都能想得到,为什么还要花费这个时间?其实并非是要老师们出主意,而是让老师们参与其中,调动自主性,由"要我做"变成"我要做"。一般情况下,人们对目标的认知越清晰,认同度就越高。而目标的清晰度的高低,又与掌握信息的多少密切关联。所以花费一些时间是值得的。

于是,"共同计划"和"共同总结"就成了我们团队的规定动作,每所学校都坚持做,但不久就走样了。

一次,收到一所学校教师反馈的意见和建议,有几条我们不太能理解,执行校长也说不清楚。一追问原来会前有年轻老师提议:如学校干部不在现场,我们提意见会更深刻。干部们觉得有理,所以全权交给老师们自己主持。这看似尊重教师,但不符合我们"坦诚沟通,享受坦诚的坦荡"的价值观,干群之间应该直接对话。

还有一所学校,老师们的建议很少。原因是学校将总结会放在了期末考试之前，老师们心里还惦记着考试，哪能静下心来给学校提建议。

李希贵校长曾说在价值观和方法论之间，还要梳理工作的原则。于是，我们就"共同总结"和"共同计划"建立了四点原则：

一是坦诚沟通，全校教师集体参与；二是侧重倾听，会议现场分管干部不能对老师们的意见急于解释，一解释老师们就不愿意对话了，对于老师们误解比较大的，只能由执行校长在会议总结时做必要的回应；三是总结会在期末考试后进行；四是尽量外聘主持人，活跃氛围。

从这些案例中，我们感悟到在学校治理过程中，应该多凝聚共识，少控制行为。

### 多一些自下而上，少一些自上而下

问：管理过程中遇到具体问题时，您更倾向于自上而下还是自下而上处理这些问题？

王昌胜：2010年11月，我刚做校长不到四个月，有主任遇到难题：早上一年级孩子赶不上早操总是迟到。一年级八个孩子住一间寝室，自理能力弱，女孩梳头穿衣需要生活教师帮助，时间不够用。主任带了两个方案与我讨论，第一个方法是把起床时间拉长，最后得出结论是不可行；第二个方法是将八个女孩分开，每位生活教师带两个孩子。方案二可行为何不执行？有顾虑：老师不满意，会增加老师送寝的负担；家长也担心一年级小孩与其他年级孩子在一起被欺负。主任问："校长你说咋办？"我也没有好办法。于是就将这个问题提交到全体教师会上讨论。不出所料，会上大家分成了泾渭分明且势均力敌的两拨，公说公有理，婆说婆有理，谁也说服不了谁，半小时过去了还是没个所以然。

主任又问："校长，现在该怎么办？"我反问主任："你内心赞同什么方法？"主任赞同"分"。"那就分吧！""啊？有一半的老师反对呢？""分吧，如果老师们有意见就说是校长决定的。"

为什么有一半老师反对的前提下，还是做了决定呢？因为经过全体讨论后，老师们也知道了学校的难处：明知面临风险但还是得抉择。结果当宣布"分"之后，实施得非常顺畅，预设的风险也没有出现，因为工作中大家都会尽力规避可能存在的风险。

关于"分"还是"不分"，全校老师并没有达成共识，只是让老师参与了自下而上的协商，便有了"领导也挺难"的同理心。如果没有这个自下而上的过程，直接"摸脑袋"宣布决定，一定会有很多老师不理解。

在一个正派的组织中，人们掌握的信息越多，就越能理解管理者的难处。让掌握信息最多的人决策或者参与决策，是一个很有效的策略。组织管理中，应多一些自下而上，少一些自上而下。

### 努力提高责、权、利的匹配度

**问：** 在激发教师内趋力方面，您有什么好的做法？

**王昌胜：** 记得我们托管的一所公立学校开学不久，一位副校长拿出了一个申购单：准备为老师们购买一些专业读物，引领教师成长。花费不多，不足千元。见我愣住了，该副校长赶紧解释：明白学校经费不足的难处……但还是希望买一些，可以再把书目减去一些……

为什么会这样呢？为什么给老师们买书这件事情，副校长都还要小心翼翼地征求校长意见呢？是不是校长集中了太多不该有的权利，导致管理者们不能大胆工作，还是有权利不敢大胆使用？……无论什么情况，都是不可取的。长此以往，我这个校长就会成为阻碍教师和学校发展的瓶颈。

于是，我们对学校财务管理机制进行了重新梳理。先采取自下而上的方式，由各部门结合工作做部门经费预算，再组织管理干部集体协商，将全校总经费按部门划分成教导、科研、后勤等几块，由各块负责人负责经费的管理与使用。当然，所有程序得符合财务要求。留出总额百分之五的经费作为机动资金，用于各部门超出计划支出及计划外项目支出。总之遵循一条原则：有权的不用钱，用钱的不掌权。

一年之后，我们又进行升级：扩大预算单位。将学校所有有支出的部门或项目都作为预算单位，年级组、教研组、项目组及课题组等都有相应的预算权。规模大点的学校，预算单位有100多个。

很多人认为只有私立学校才能这样实施。极端点说，我们团队管理的公立学校，每一位老师都有自主开支权。因为我们把70%的培训经费按人均划分后，交给每位老师自主使用。初期老师们不适应，半学期只有五六个人花出去了。我们公示出来，并激励大家：自己的培训经费都花不出去，能说为自己的成长负责了？结果，一年后，老师们就纷纷说钱不够花，希望多划拨一些给个人支配。

当把财权交给了相应的部门和个人，落实了预算权，责、权、利的匹配度也就提高了。自己的事自己可以做主了，大家的主动性自然就增强了。每个人对组织的认同度，与"我能对我自己的事做多大的主"密切相关。

我们实施了双向聘任。除发挥"聘任是最好的评价"作用之外，双向聘任时我们会把各项工作的标准梳理出来，大家对照标准选择岗位。一般情况下，每项工作的标准每年都会提高一些。政教主任惊喜地发现：三年前，班主任工作中的一项优秀标准，到今天成为合格标准。也就是说，三年前的优秀标准变成了今天的底线标准。这正应了德鲁克先生说的："把今天的优秀变成了明天的标准。"

我们将薪酬制度也进行分级，分为基础、骨干和名师等类别，每个类别又设立一、二、三级，每一级都有明确的要求和标准，便于为教师成长自我导航。

这些做法，我们都是希望尽最大努力提高责、权、利的匹配度，以激发教师的内动力。

综上所述，让教师把学校当作"我的学校"的几项具体策略是：多凝聚共识，少控制行为；多自下而上，少自上而下；努力提高责、权、利的匹配度。这也体现了学校治理的本质：多元共治，民主参与。

（雷 玲）

/ 管理特色 /
## "我们"的管理

### "我们"教育工作室

"我们"教育工作室组建于 2014 年。最初由王昌胜在湖北宜昌联合 10 来位学校管理人员创办，现有核心成员 30 多位。团队成员在河南郑州、湖北宜昌、神农架等地托管多所学校，如郑州市郑中国际学校、郑州市创新实验学校、湖北宜都创新实验学校、神农架林区创新实验学校等。"我们"教育工作室基于"办有未来的学校"开展多年实践与研究，已建构"协同化管理""实践性研究""生长型课程""分享式学习"等学校各个核心板块的实操模型，其成果多次在中国教育创新博览会、全国名师工作坊、中国教育创新年会等平台交流展示。

核心价值观：

——崇尚奋斗，永葆学习与研究的姿态。

——诚心服务于每个人的发展。

——优秀想法至上，享受坦诚的坦荡。

愿景：

——办受人尊敬、有未来的教育（以"我们"的方式）。

使命：

——用研究推动个人、团队和学校发展，持续激发内动力。

——培养更多的优秀校长和教师领袖，影响更多的老师和学生。

### 不听"推门课"

"推门课"侧重于检查,每位教师总是希望将自己最好的一面示人,但再优秀的教师也不可能每节课都成功。学校提倡用"研究课""邀请课"来取代"推门课",以淡化检查,强调研究。当老师们发现听课背后没有高要求的评价,反而有利于促进自己教学水平的提升,便会主动向同伴开放自己的课堂。

### 个人工作室

每位一线教师都可以申报。只要确定研究方向、招募到3～7位研究同伴、通过了学术委员会评估,就可以成立以自己名字命名的工作室。工作室由主持人组建,依靠教师共同的研究兴趣和互相协作的研究氛围,进行项目研究。

### 课程建构师

研究能力提升较快的教师可培养成"课程建构师",负责一个核心版块,如班级文化、家校合作、学习方式、课程建设、学校治理等。负责人带领组员梳理成果、开发课程,使研究走向深入。

(红袖子整理)

# 后 记

随着《现代校长与未来学校——8位名校长的办学智慧》一书的完成,我感到既自豪又不舍。自豪于能够与8位杰出校长深入对话,不舍于这段探索教育管理智慧的旅程即将结束。

在这本书的创作过程中,我有幸深入了解了每位校长的教育理念、管理策略和对教育未来的深刻见解。他们的故事和经验,不仅进一步丰富了我对未来教育和未来学校的了解,更激发了我对教育本质的思考。

在此,我要感谢所有参与本书的校长们,感谢他们慷慨地分享了自己的智慧和时间。他们对教育的热爱和承诺,以及对培养未来领导者的执著,是我所敬佩的。同时,我也要感谢每一位读者,感谢你们选择拿起这本书,与我一同探索教育的未来。

教育是一项长期的事业,它需要我们不断地学习、适应和创新。本书所呈现的校长们的故事,只是教育领域无数精彩篇章中的一小部分。我希望通过这些故事,能够激发更多人对教育的思考和参与,共同推动教育的发展和进步。

在未来,我相信教育将更加注重个性化和创新能力的培养,更加重视技术与教育的融合,更加强调全球视野和社会责任感的培育。作为教育者,我们有责任为学生创造一个充满机遇和挑战的学习环境,帮助他们准备好迎接未来的世界。

美国教育家杜威说:"如果我们还用昨天的方式教育今天的孩子,那等于抹杀孩子的未来。"我希望,这本书能够成为教育工作者、政策制定者、家长以及所有关心教育的人的宝贵资源。愿我们共同努力,为孩子们构建一个更加美好的未来。

再次感谢所有参与和支持本书创作的校长和老师。愿教育的光芒照亮每个人的心灵,愿智慧的力量引领我们走向更加辉煌的明天。

雷 玲

2024 年 8 月 12 日

图书在版编目（CIP）数据

现代校长与未来学校：8位名校长的办学智慧/雷玲主编.
— 上海：华东师范大学出版社，2024.ISBN 978-7-5760-5387-6

I. G637

中国国家版本馆 CIP 数据核字第 2024B9P390 号

大夏书系 | 学校领导力

### 现代校长与未来学校——8位名校长的办学智慧

| | |
|---|---|
| 主　　编 | 雷　玲 |
| 策划编辑 | 李永梅 |
| 责任编辑 | 潘琼阁 |
| 责任校对 | 杨　坤 |
| 封面设计 | 奇文云海·设计顾问 |
| | |
| 出版发行 | 华东师范大学出版社 |
| 社　　址 | 上海市中山北路 3663 号　邮编 200062 |
| 网　　址 | www.ecnupress.com.cn |
| 电　　话 | 021-60821666　行政传真 021-62572105 |
| 客服电话 | 021-62865537 |
| 邮购电话 | 021-62869887 |
| 地　　址 | 上海市中山北路 3663 号华东师范大学校内先锋路口 |
| 网　　店 | http://hdsdcbs.tmall.com/ |
| | |
| 印 刷 者 | 北京密兴印刷有限公司 |
| 开　　本 | 700×1000　16 开 |
| 印　　张 | 16 |
| 字　　数 | 221 千字 |
| 版　　次 | 2024 年 10 月第一版 |
| 印　　次 | 2024 年 10 月第一次 |
| 印　　数 | 5 100 |
| 书　　号 | ISBN 978-7-5760-5387-6 |
| 定　　价 | 69.80 元 |
| | |
| 出 版 人 | 王　焰 |

（如发现本版图书有印订质量问题，请寄回本社市场部调换或电话 021-62865537 联系）